跨文化交际背景下英语教学模式
研究与改革

陆燕萍　著

九州出版社
JIUZHOUPRESS

图书在版编目（CIP）数据

跨文化交际背景下英语教学模式研究与改革 / 陆燕
萍著 . -- 北京：九州出版社，2023.11
ISBN 978-7-5225-2239-5

Ⅰ．①跨… Ⅱ．①陆… Ⅲ．①英语－教学模式－研究
－高等学校 Ⅳ．① H319.3

中国国家版本馆 CIP 数据核字（2023）第 188368 号

跨文化交际背景下英语教学模式研究与改革

作　　者　陆燕萍　著
责任编辑　云岩涛
出版发行　九州出版社
地　　址　北京市西城区阜外大街甲 35 号（100037）
发行电话　(010)68992190/3/5/6
网　　址　www.jiuzhoupress.com
印　　刷　定州启航印刷有限公司
开　　本　710 毫米 ×1000 毫米　　16 开
印　　张　15.5
字　　数　200 千字
版　　次　2023 年 11 月第 1 版
印　　次　2024 年 1 月第 1 次印刷
书　　号　ISBN 978-7-5225-2239-5
定　　价　88.00 元

前 言 /FOREWORD

学习一门语言最主要也是最重要的目的在于交流，学习英语的目的也是如此。当今社会正处于多元文化的背景下，各个国家和地区都在发展自己的文化，并尝试与外界建立更多的联系。在这种复杂多样的文化环境中，每一种文化都在影响时代的发展和社会的进步，从而形成了多元文化相互交流与碰撞的局面。随着文化多元化和经济全球化的迅速发展，跨文化交际逐渐成为当今时代不可或缺的生活方式以及不同国家、不同民族之间的交流方式。因此，当前我国高校的英语教学应该将培养更多的跨文化交际人才作为教学工作开展的重点。

纵观我国高校的英语教学工作，虽然已经在不断的改革和创新中取得了较好的成绩，但通过检验实际的教学效果可以发现，高校学生的英语综合应用能力和跨文化交际水平还有一定的提升空间。其中一个重要的原因就是高校学生对跨文化交际的知识和技巧掌握不足。因此，我国高校英语教学要想实现教学目的，必须将跨文化交际教学融入英语教学的过程之中。其中，跨文化交际教学的内容不仅应包括英语国家的民族文化，还应包括本民族的文化；不仅应包括跨文化交际的特点，还应涵盖跨文化交际的各种实用技巧。

本书从跨文化交际视角出发，对我国高校英语教学工作的开展进行了研究和探讨。

本书共分为七章。第一章主要介绍了跨文化交际的内涵、模式以及跨文化交际意识和跨文化交际能力等相关内容；第二章从语言和文化的角度出发，论述了语言和文化的关系，讨论了语言对比和文化差异对英语教学的影响；第三章将英语教学和跨文化教学联系起来，重点探讨了英语跨文化教学的意义、目标、原则、内容和方法；第四章通过阐述英语教学模式的内涵，介绍了几种常见的英语教学模式，为接下来研究跨文化交际背景下英语教学模式的改革奠定了基础；第五章主要的研究内容是跨文化交际背景下英语教学模式的创新改革，如建构主义教学模式、BOPPPS 教学模式、Seminar 教学模式、翻转课堂教学模式；第六章通过研究英语跨文化教学实践，讨论了英语知识和技能教学的方法策略；第七章展望未来，主要阐述了跨文化交际背景下英语教学的其他改革措施、发展趋势以及实施路径，希望对当代高校英语教学工作的开展有所帮助。

　　虽然本书在论述过程中力求语言表达简洁，行文通顺合理，但由于作者能力有限，本书还存在不足之处，有待进一步完善，恳请广大学者及读者批评指正。

目　录 / CONTENTS

第一章 跨文化交际概述

第一节 跨文化交际的内涵

一、交际的内涵

（一）交际的概念

交际的英文表述为 communicate，这一词语来源于拉丁语 commonis 一词，含义为"共同""共享"。从词源来看，交际的前提是"共同"和"共享"，即人们通过"共同"或"共享"来达成交际的目的。在交际过程中，同一文化领域的人在很多方面具有共通性，可以提高沟通的有效性，共享文化内容；不同文化领域的人在沟通过程中则存在文化认知差异，交流过程存在一定的障碍。因此，跨文化交际的目的是通过增进人们对不同文化的理解，使人们在综合文化学习的过程中消除交际障碍。

从学术角度来看，交际被赋予了多重定义，学界普遍认同的一个观点是将交际定义为人与人之间相互交往和进行信息交流的过程。这一过程由五个环节构成，即信息编码、信息发送、信息传递、信息接收和信息解码。从信息接收角度将信息发送看作主体行为，即信息发送是信息接收的主体，信息编码即信息发送者以符号的形式对信息内容的转化，而相对应的信息解码则是信息接收者对符号的解读。编码和解码都要借助符号系统，符号系统属于文化体系且受文化体系的制约。从以上内容来看，交际的本质是文化交流，交际的过程则是文化传承与发展。

交际理论的研究首先是对交际过程各环节的研究，即从交际过程的主体和客体两个层面出发，重点探究交际过程中主体和客体的心理变化，如文化心理、社会心理以及历史心理等。其次是从编码和解码的角度来进行研究，以本体论的视角将交际包含的元素规定为信息、符号、语言和文化。研究过程一般以文化为参照系，以编码和解码为研究对象。交际是在文化中产生的，即交际产生于文化同时又受文化限制。从这一点来看，交际与文化之间有着密切的联系，而文化异质性则体现了跨文化交际的重要性。

（二）交际的特征

从交际的定义来看，交际需要以符号的形式传递信息和内容，且受制于心理和文化等多种因素，因此交际这一过程具有以下特征（图1-1）。

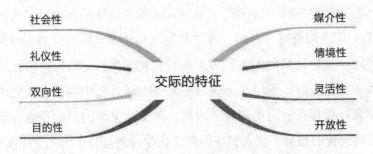

图1-1 交际的特征

1. 社会性

交际是由双方共同进行的一种社会活动，人在社会生活中会通过各种关系经历各种事件，因此交际活动附带着社会属性且在一定程度上受社会关系的制约。交际活动的社会性特征，直接体现了交际的本质。

2. 礼仪性

在历史的发展和人类社会文明进步的过程中，交际呈现出了礼仪性特征。在人际交往的过程中，礼仪有着至关重要的作用，"以礼相待"指的就是在交际活动中，人际关系往来须遵守相应的利益规则。交际活动的礼仪性特征，体现了交际活动的基本属性。

3. 双向性

双向性指的是，人与人交往中表现出来的一种动态活动形式。交往过程需要双方共同参与，以符号传递的思想来解释交际过程，即符号编码和符号解码。具体分析，交际的双向性就是交际双方在进行信息沟通的过程中体现出来的相互影响的特征。交际活动的双向性特征，体现了交际活动的形态特征。

4. 目的性

交际需要满足一定的需要，即目的性。例如：现实生活中为结交朋友或为实现经济目标而建立的组织群体、举办的活动等。交际的目的性也可以被称作交际的功利性，即人在交际过程中存在不同动机，这也是人和动物交往活动的本质区别。交际带有一定的目的性，常常呈现功利性特征，即为达成某种利益或达到某种目的而开展交际活动，但是交际目的也可分为显性目的和隐形目的，日常生活中的随意交谈也带有一定的目的性，如为表示礼貌或为引出话题打发时间等。

5. 媒介性

交际活动可以通过多种媒介来完成，如印刷媒介、电子媒介、网络媒介、有声媒介及无声媒介等。日常生活中最常用的为有声媒介，其中又引申出了多个表达词，如讨论、对话、沟通以及交谈等，有声媒介往往需要借助语言来完成，因此又可以将其称为口语交际。交际的媒介性特征，直接表现了交际的重要属性。

6. 情境性

交际一般发生在社会环境中，不同的社会环境对交际活动有着不同影响，由此可见交际活动受环境影响，即交际具有一定的情境性。交际活动有着具体的情境，而情境是由特定的社会环境和具体场合决定的，从交际的情境性特征可以发现，人际交往活动容易受时代、社会和交际对象的影响，且呈现被时间、空间以及环境等背景因素制约的特性。

7.灵活性

交际具有一定的灵活性，具体体现在三个方面：一是交际环境灵活多变；二是交际对象各有不同；三是交际语言方式随机多变。从交际环境的角度来看，交际活动存在于生活中的各个环节，而交际受时间、空间和场景的影响并产生特定语境，因而交际环境具有灵活性且交际过程处在不断变化之中。从交际对象的角度来看，不同的交际对象往往具备着不同的交际个性，因而在交际过程中呈现出灵活性特征。从交际语言方式的角度来看，交际双方的特性和交际语境的不同，以及交际过程中交际者心理的变化，会使交际者的语言方式产生一定的改变，如根据交际过程的动态变化，调整语气语调、语言结构方式和体态语言运用，因而交际的语言方式具有动态变化和灵活性的特征。

8.开放性

在社会的不断发展和进步中，时代改革和理念观念的变化呈现出开放性特征，人类的交际模式也发生了一定的变化，如从封闭单一发展到开放多元化发展，社会和谐关系需要在开放的心态下去维护和创造。人际交往活动中，应兼具个体意识和生命共同体意识，以开放的心态和姿态结合交际的形式，实现交际的目的。交际的开放性并不是提倡人们肆意发表言论，而是鼓励交际者以积极的态度和良好的交际修养，打开个体生命意识，促进社会和谐发展。

（三）构成交际的基本要素

交际是人的社会生活中的必要环节，交际有着一定的策略和方法，了解交际要素，可以使人在交际过程中快速交换信息，达到理想状态下的交流目的。在现实人际交往中，交际一般由交际主体、交际动机、交际环境及交际手段四要素组成。

1. 交际主体

交际活动需要人来完成，交际参与者即交际主体。在交际活动中，人需要通过相互交流的过程产生相互作用，交际活动的发起者和被动接受者很难进行有效鉴定，因此交际活动不能同其他活动一样进行主体和客体的有效区分，一般将参与交际活动的人统称为交际主体。交际活动的基本单位由交际活动的发起者和接受者两个主体共同构成，交际活动必须至少由两个人构成，单个人进行的活动不能称为交际。根据交际主体人员构成的不同，可以将交际分为个体与个体之间的人际交流、个体与群体之间的人际交流以及群体与群体之间的人际交流。其中，个体人际交流最为常见，群体人际交流往往是通过个体来进行的。

（1）个体与个体的交际。个体与个体之间的交际，即个人与个人之间的交往。在这一社交形式中，社交对象均为个人，因而社交过程比较简单，信息交换和分享过程较快。例如：领导与单个员工之间的交谈，超市推销员向顾客介绍商品，企业领导人与客商电话洽谈合作项目等。

（2）个体与群体的交际。个体与群体的交际，即个人与群体之间的交往。这是一种现实生活中较为常见的交际形式，主要应用于个人对群体的特殊问题解答和专题性交流。例如：企业部门负责人开会布置下一季度的工作安排，各种类型的演讲活动等。

（3）群体与群体的交际。群体与群体之间的交际一般是通过群体代表沟通交流的形式来实现的。例如：国家与国家之间就国事进行互访，学校与其他单位的项目合作等。

2. 交际动机

交际动机也可称为交际目的。交际本身是一个过程而不是目的，为了交际而进行交际的行为是不存在的。人的任何交际活动背后都隐藏着一定的交际动机，即使是人们在无聊时的闲话家常也有抒发情感、打发时间、沟通感情的目的。具体分析，交际动机表现为交际活动中人预期的目的、愿望、要求和兴趣等。动机指向的交际目标可能是与物质相关的，也可能是与精神相关的。由于每个人的性格、心理、行事方式不同，所以他们展现出来的交际动机也具有不同的特点。在现实生活中，有些交际主体的交际动机是非常明确的，比较容易被他人察觉；有些交际主体的交际动机则是隐藏的，不易被人发现。

3. 交际环境

交际环境是交际活动发生的社会文化背景和场合地点，它主要包括交际的时间要素和空间要素。任何一种具体的、真实的交际都不可能在真空环境状态下发生，特定的环境和特定的时间是交际活动进行的必要条件。特定的环境是指交际活动进行的社会背景和社会环境，包括宏观环境和微观环境。在具体的交际活动中，交际环境尤其是交际主体所处的现实微观环境会直接影响交际活动的开展。

4. 交际手段

交际活动是交际主体借助一定的交际手段开展的活动，因此交际手段是交际结构的重要组成部分，所有交际活动的开展都离不开一定的交际手段。从某种意义上来说，交际手段就是交际媒介，是指交际过程中运载和传播交际主体信息的载体。人类的交际不同于动物之间交际的突出特征就是交际手段的差别。人类会使用符号作为交际手段，如语言符号和非语言符号，而动物只会使用信号。

二、跨文化交际的内涵

（一）跨文化交际的定义

跨文化交际是人类一种重要的社会活动。国内外学者从不同的研究角度对跨文化交际进行了定义。

学者拉里·萨莫瓦尔（Larry Samovar）、理查德·波特（Richard

Porter）、莉萨·斯蒂芬妮（Lisa Stefani）认为，跨文化交际是指那些文化观念和符号系统的不同足以改变交际事件的人们之间的交流。①

　　美国传播学者和文化研究学者威廉姆·古迪昆斯特（William B. Gudykunst）认为，跨文化交际是一种交流性的和象征性的过程，涉及来自不同文化背景的人们之间的意义归因。②

　　德国传播符号学研究学者格哈德·马勒茨克（Gerhard Maletzke）从文化归属角度对跨文化交际活动进行了解释。当不同文化归属的交际者走到一起，交际者清楚双方的文化是不同的，但他们还是愿意分享自己的认知，开展交际行为，进而就产生了跨文化交际活动。③交际过程中的陌生感来源于交际者在不同文化氛围中所形成的不同认知、思维和行为模式，而交际过程即共享过程，交际者通过跨文化交际活动，去探知和发现对方的认知思维和行为模式，并与自身进行对比，发现二者之间的不同，并在不断学习的前提下，掌握跨文化交际技巧，提升自身交际能力。

　　中国英语教学研究会会长、中国跨文化交际研究会会长胡文仲认为，跨文化交际就是不同背景的人们之间的交际。④

　　中国语言学及应用语言学家吴为善、严慧仙将跨文化交际定义为来自不同文化背景的人在特定的交际情境中使用同一种语言进行口语交际。⑤

　　本书通过分析国内外学者对跨文化交际的研究发现，不同学者有着不同的研究视角，跨文化交际又被称为跨文化传播、跨文化交流以及跨文化沟通。其中，跨文化交际可定义为不同文化背景的人在交流过程中，

①　萨莫瓦，波特.跨文化交际读本 [M].第十版.上海：上海外语教育出版社，2007：17.

②　GUDYKUNST W B. *Cross-Cultural and Communication Theories*[M]Thousand Oaks: Sage Publications，2003：7-34.

③　马勒茨克.跨文化交际 [M].潘亚玲，译.北京：北京大学出版社，2001：32.

④　胡文仲.跨文化交际学概论 [M].北京：外语教学与研究出版社，1999：3.

⑤　吴为善，严慧仙.跨文化交际概论 [M].北京：商务印书馆，2009：21.

通过语言、讯号或文字的方式，发表自身的看法见解，传播文化思想进行信息交流。其中不同文化背景是前提，语言、讯号及文字是传播内容，传播文化思想和进行信息交流则是交际的目的。

国内学者对跨文化交际的研究一般以教师为主导，且跨文化交际主要围绕语言教学和文化教学两个方面，定义范围较为狭窄。不同学者对跨文化交际所下的定义不同，从狭义角度来说，跨文化交际被认为是一种特定的交际情境，即不同文化背景的人用不同语言展开谈话，以面对面的情境交流方式进行交际活动。在跨文化交际的不断发展中，狭义的跨文化交际研究在实际应用中进行了综合性拓展，即跨文化交际的定义被拓展为不同文化背景的人在特定兴趣领域中进行面对面交流的过程。跨文化交际的人群具备不同文化思想，参与者之间的交际活动受各自文化的影响，在交际过程中会有不同程度的显现。

文化差异是跨文化交际双方在语言和文化背景等方面存在的差异，文化差异可以是社会制度、宗教信仰、风俗习惯以及道德观念等方面的差异。在跨文化交际的过程中，交际者应在明确交际目的的前提下，充分学习交际过程中应该注意的问题，通过运用合乎当下语境和交际氛围的交际方法，进行得体的交际活动。

（二）跨文化交际的内涵

根据以上对跨文化交际定义的分析可以看出，跨文化交际包含以下四方面内涵。

1. 交际双方使用同一种语言进行交际

如果交际双方使用的语言不同，那么交际就无法顺利进行。语言是交际双方开展交际活动的基础，如果交际双方是具有不同文化背景的人，并且双方都使用同一种语言，那么用来交际的语言对于一方来说是母语，对于另一方来说就是习得的"目的语"。例如：一个中国人和一个美国人进行交谈，他们既可以用英语交际，也可以用汉语交际，这样就是使用同一种语言进行交际。

2. 交际双方具有不同的文化背景

不同的文化背景产生的文化差异有两方面的含义：一方面指不同的文化圈之间的差异，如东方文化圈和西方文化圈之间的差异；另一方面指同一文化圈内部亚文化之间的差异，如东方文化圈中中国文化圈与日本、韩国文化圈之间的差异。从跨文化交际的实践来看，中国人在和西方国家的人际交往过程中会产生因文化差异导致的交际冲突。

3. 交际双方进行的是实时口语交际

跨文化交际的形式是多种多样的：有使用语言符号的交际，也有使用物化形式符号的交际，如商品、画报、实物、演出等；有交际双方都在现场的双向交际，也有利用媒介达到交际目的的单向交际，如电视、广播、报纸等传播信息形式的交际；有口语交际，也有书面语交际，如信函、邮件等的往来。这里主要讲的是交际双方以口语形式进行的交际。

4. 交际双方进行的是直接的言语交际

这一要点主要是针对跨文化交际中的翻译角色而言的。不同文化背景的人想要开展交际但是语言不通，就需要翻译的帮助。此时，交际双方考虑的文化差异问题主要靠"翻译"这个中介来解决。译者必须事先了解两种语言背后的文化差异，才能保证在翻译时避免因为文化问题导致词不达意，甚至引起误会的情况发生。因为双方进行的是直接的言语交际，所以留给现场翻译反应的时间并不多，这对翻译来讲也是个不小的挑战。

（三）跨文化交际的组成要素

从前面的内容可以看出交际有多种组成要素，跨文化交际相较于交际活动来说更具复杂性，跨文化交际组成要素在交际要素的基础上呈现跨文化特征，一般来说有效的跨文化交际由以下七种要素组成（图1-2）。

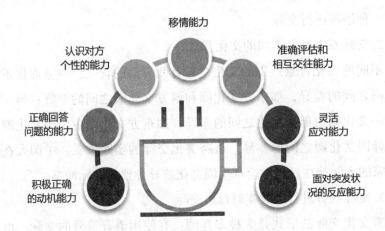

图 1-2 跨文化交际的组成要素

1. 积极正确的动机能力

积极正确的动机表现在语言行为和非语言行为两个方面，语言行为方面如表达语气和表达语调，非语言行为方面如面部表情和肢体动作等。拥有积极正确的动机能力能使交际者通过语言行为和非语言行为向交际对象表示尊重和友善，并使交际对象对所交谈的话题表现出积极态度。

2. 正确回答问题的能力

正确回答问题的能力指的是交际者在跨文化交际的过程中，尽可能使用描述性语言描绘他人言行，描绘过程中避免评价和判断式交谈以减少交际过程中的文化冲突、文化碰撞现象的能力。正确回答问题不能以自身文化为判断标准评价他人的言行，并且要避免交际过程中产生带有文化偏见的情绪。

3. 认识对方个性的能力

跨文化交际首先要与自我进行沟通，其次是与他人进行沟通，最后是在跨文化的前提下开展交际活动。在跨文化交际的过程中，交际双方都是有个性的个体，在交际前了解对方的个性表达习惯和表达风格，对交际对象的个性化具有一定的敏感性，可以在正确理解对方行为的前提下恰当有效地开展跨文化交际活动。

4. 移情能力

从字面意思来看，移情即将心比心，移情能力是一种通过换位思考的形式表达感情、开展交际的能力。培养跨文化移情能力，就是要跨越和超越母文化的局限，使自己处于异文化成员的位置和思维方式，设身处地地感悟对方的境遇，理解对方的思维和感情，从而达到移情或同感的境界。①

5. 准确评估和相互交往能力

准确评估和相互交往能力指的是在交际过程中对他人的需求和愿望进行准确评估，并以此为基础结合交谈的形式开展相互交际活动的能力。准确评估和相互交往能力强调交际者在准确评估的基础上，恰当合理地应对对方的要求和愿望，进而达到和谐交际的目的。

6. 灵活应对能力

灵活应对能力即灵活应对不同情境的能力，属于角色行为能力。在跨文化交际的过程中，按照角色行为可以将角色分为三类：一是任务角色，二是关系角色，三是个人角色。任务角色要求交际者在具备积极的沟通思想的前提下向对方求证信息的真实性，了解其真实看法，随后对对方意见给予正确评价；关系角色指的是通过协调冲突、提出建议的形式设法与对方保持和谐一致，并为达成共识在必要时刻进行合理的让步；个人角色强调个人思想，即能够从本我角度出发正确认识并拒绝不当观点，引发交际对象的关注，从而在精神上使对方产生依赖感。

7. 面对突发状况的反应能力

交际者在跨文化交际的过程中可能会面临各种各样的情境，即新的或不熟悉的情境，需要交际者在短时间内表现出高度的宽容，在适应情

---

① 潘亚玲.跨文化能力内涵与培养：以高校外语专业大学生为例 [M].北京：对外经贸大学出版社，2016：136.

境的前提下减少厌倦情绪。除此之外，跨文化交际使交际者处在一个陌生的文化环境，因此在面对突发状况时，交际者应从会话原则和礼貌性原则的角度出发，在语言不通的情况下，通过交际技巧和交际策略克服跨文化交际中的挫折、疏远和差异等障碍性问题。

第二节　跨文化交际的模式

了解跨文化交际的模式，首先需要了解两个方面的内容：一方面是普遍的交际模式，另一方面是跨文化交际的过程。此处的交际模式也可称为信息交际模式，了解信息交际模式有助于学者深入研究跨文化交际模式的本质与特征。

一、交际模式

（一）"5W"模式

美国政治学家、传播学者哈罗德·拉斯韦尔（Harold Lasswell）于1948 年首次提出信息交际模式，并将此模式命名为"5W"模式，即谁（who），说了什么（says what），通过什么渠道（in which channel），对谁说（to whom），取得了什么效果（with what effect）。[①]

"5W"模式重视传播效果，以简单直观的形式体现了完整的交际模式，但是在实际应用过程中却缺乏对交际双方反应的综合反馈，因而理论方面较为理想化，无法在实践应用的过程中进行综合运用。"5W"传播模式具体内容和应用过程如图 1-3 所示。

---

① 拉斯韦尔.社会传播的结构与功能 [M].何道宽，译.北京：中国传媒大学出版社，2013：35-36.

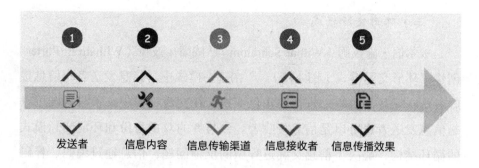

| 发送者 | 信息内容 | 信息传输渠道 | 信息接收者 | 信息传播效果 |

图1-3　"5W"传播模式图

（二）数学模式

1949 年，美国数学家克劳德·香农（Claude Shannon）从传播学的角度出发提出了信息交际的数学模式。[①] 这一模式可以从传播学的角度解释跨文化交际的传播本质，并通过分析传播行为的基本要素，促使学生理解交际传播过程。这一模式具有单一线性特征，依旧缺乏反馈能力，因而在实际研究应用过程中存在一定弊端。数学模式解释传播行为的应用过程如图 1-4 所示。

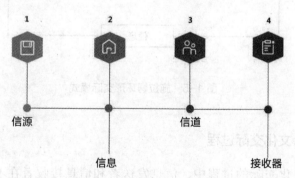

| 信源 | | 信道 | |
| 信息 | | | 接收器 |

图1-4　数学模式解释传播行为的应用过程

---

① SHANNON C E. A mathematical theory of communication[J]. *Bell System Technical Journal*，1948，27（3）：379-423.

（三）环形交际模式

威尔伯·施拉姆（Wilbur Schramm）、威廉·波特（William E. Porter）创建了环形交际模式（图 1-5）。① 在这一模式中，信息发送者与信息接收者均在循环的过程中进行着角色变换。在交流过程中，参与者既可以是信息发送者也可以是信息接收者。参与者的双重身份和环境交际模式的循环结构，解决了信息交际过程中的反馈问题，信息通过编码、释码和译码等过程，使交际者之间完成信息传递与信息反馈。这一交际模式可以更好地概括人际交流情境，提高交际者对环境的适应性，有效帮助交际者正确分析人际交流模式，提升其对跨文化交际的理解。

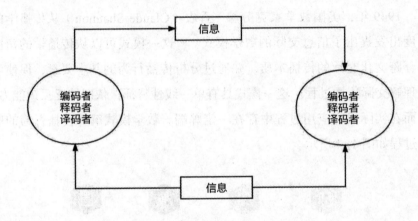

图 1-5 施拉姆环形交际模式

二、跨文化交际过程

在跨文化交际的过程中，信息发送者和信息接收者在不断进行着角色互换。从众学者对跨文化交际的过程、性质和效果等的研究看，跨文化交际模式在不断丰富。关世杰在施拉姆交流模型的基础上对跨文化交

---

① 施拉姆，波特. 传播学概论 [M]. 何道宽，译 .2 版. 北京：中国人民大学出版社，2010：102-105.

际过程进行了详细论述。他首先对跨文化交际的过程进行具体形容，再将其分为编码、传递和解码三个过程。① 由于跨文化交际的本质性特性，编码和解码在不同文化中有着不同的码本解释，关世杰定义的跨文化交际过程如图 1-6 所示。

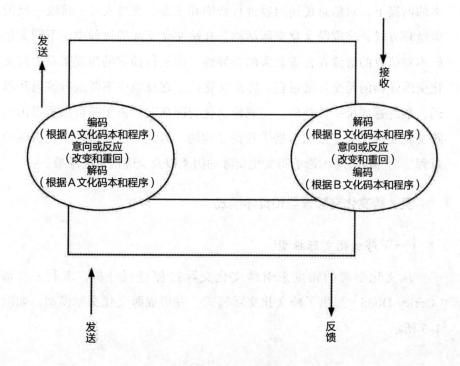

图 1-6 跨文化交际过程

从图 1-6 可以看出，跨文化交际中的信息发送者和信息接收者的角色并不是一成不变的，A 文化发送者依据自身文化进行码本和程序性编码，通过信息渠道发送信息至 B 文化接收者处，B 文化接收者根据自身文化码本和程序进行信息解码活动，从而完成程序化的跨文化交际。不

---

① 关世杰.跨文化交流学：提高涉外交流能力的学问 [J].北京：北京大学出版社，1995：214.

同文化之间存在一定的共性和较大的差异性，因此在编码和解码的过程中，信息在重合中也存在原本含义的改变，B 文化接收者需要对渠道所传递的 A 文化内容进行解码，通过学习 A 文化码本对信息做出反应。为保障 B 信息接收者理解所传递的信息含义，A 编码者应在了解 B 文化码本的前提下，对信息传递内容进行修饰和完善，通过发送—接收—反馈等循环方式，完成跨文化交际活动。在跨文化交际的过程中，不同文化码本对信息的解读存在着较大的差异性，而从传播学的角度来看，跨文化交际强调的是交际的过程，即跨文化信息在反馈中不断进行编码和解码，最终达成统一性理解，完成跨文化交际活动。由于关世杰所提出的跨文化交际模式是依据传播学理论建构的，因而更加强调跨文化交际的过程，而并没有考虑影响跨文化交际的因素以及交际的最终结果。

三、跨文化交际模型和具体模式

（一）跨文化交际模型

从文化学者的角度来对跨文化交际过程进行分析，卡利·多德（Carley Dodd）提出了跨文化交际模式，并形成跨文化交际模型。如图 1-7 所示。

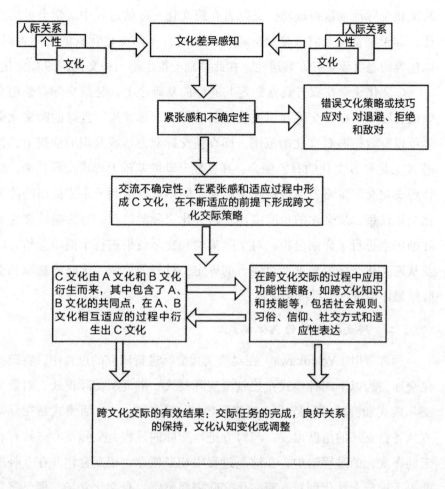

图 1-7 跨文化交际模型

从卡利·多德提出的跨文化交际模型来看，人际关系、个性、文化等都可能是交际者差异来源因素，使交际者在交际过程中形成感知文化差异。在跨文化交际的过程中，交际者应认同文化的通行，同时重视个别差异。在感知文化差异的过程中，由于陌生性和不确定性难免会产生一定的紧张感，这就需要交际者采用恰当且合适的交际策略，减少对文化定型的过度依赖，以积极、迎合以及包容的态度，开展交际活动直至跨文化交际活动取得成功。交际者在跨文化交际的过程中应学会灵活变通，即根据情境及时改变交际策略，在对待不同文化背景的交际者时，以包容的态度建立双方共通性，在此基础上衍生第三种文化，即 C 文化。

C 文化建立在双方具备一定共通性的基础之上，是指交际者采用有效的交际策略以及交际知识或技能所取得的交际成果。良好的跨文化交际可以有效拓展 C 文化的范围，即在使交际双方达成共识的前提下，促进 A 文化和 B 文化的有效融合，在良性互动的基础上形成交际往来，整合跨文化交际策略，促进良好交际文化的形成。卡利·多德提出的跨文化交际模型，从文化的角度描述了跨文化交际的过程，对影响跨文化交际的因素进行了详细分析，对交际策略和交际效果进行了简单分析，以及从跨文化交际的角度，对能力的界定、过程的控制、策略的选取和交际结果评价进行了系统化论述。

（二）跨文化交际的具体模式

学者吉川（Yoshikawa）在对跨文化交际进行研究的过程中，将跨文化交际分为以下四种模式：控制型交际模式、辩证型交际模式、对话型交际模式和群体或民族中心型交际模式（图1-8）。对话模式是交际双方从各自立场的角度出发，与对方进行交际的过程，交际重心一致存在于动态变化的过程当中，在这一过程中相互依存、相互合作并在互补的前提下进行个性化创新。跨文化交际需要坚定自身文化立场，但是坚定自身文化立场并不是各自为政，而是在互相沟通的前提下进行有效通话。在沟通过程中，交际双方的角色一直在动态变化，交际双方需在承认对方文化的基础上，主动以沟通的形式解决文化差异问题。

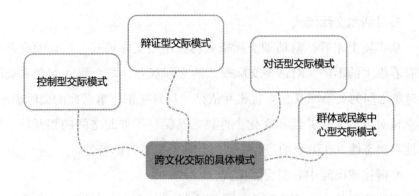

图1-8 跨文化交际的具体模式

1. 控制型交际模式

顾名思义，控制型交际模型是通过控制来达到交际目的的，如在跨文化交际的过程中，将交际对象分为 A 和 B，交际 B 对象受交际 A 对象的监控和控制，即 B 对象文化并未得到 A 对象的承认与接受，在跨文化交际过程中，交际地位不平等，A 对象处在主动地位，B 对象始终处在被动地位。

2. 辩证型交际模式

在辩证型交际模式中，可能会形成三种交际结果：一是 A 对象与 B 对象文化完全对等。在这一关系的前提下，A 对象文化与 B 对象文化可以在相互通话的过程中形成综合文化 C，A 对象文化与 B 对象文化的文化差异性逐渐减小，在和平共处的前提下融为一体，从辩证角度来说达成理想化统一。二是 A 对象文化受 B 对象文化影响，二者无法达成一致和平共处。在这一前提下，A 对象文化逐渐丧失自身个性，由此变成 B 对象文化的一部分。三是 A 对象操纵自身文化强加于 B 对象。在这一过程中使 B 对象丧失自身个性，并使 B 对象文化变成 A 对象文化的一部分。辩证型交际模式是将多种文化融合为一种文化，以融合或吞并的形式，形成统一文化。

3. 对话型交际模式

从本质上来看，对话型交际模式与控制型交际模式、辩证型交际模式有着很大的不同。对话型交际模式的交际双方，即交际 A 对象和交际 B 对象之间的关系相互独立且相互依存，双方互相尊重彼此的交际需求，且承认对方的文化共性和文化个性，尤其保存了彼此之间的相互性、整体性和动态性，在融合的过程中双方均保持了各自的特性。

4. 群体或民族中心型交际模式

群体或民族中心型交际模式，即交际 A 对象以自身民族文化为中心开展交际活动，在交际过程中交际 A 对象与交际 B 对象的交际地位并不平等。从某种意义上来说，交际 A 对象将交际 B 对象看作了自己的影子，在交际过程中忽略了交际 B 对象本身的文化，未能使其个性化特征完全体现出来，交际过程呈现文化忽视特征。

第三节　跨文化交际的意识

跨文化交际的意识即跨文化交际意识，本节将依次从跨文化交际意识的理论基础、跨文化交际意识概述和跨文化交际意识的培养三个角度出发展开对跨文化交际意识的论述。

一、跨文化交际意识的理论基础

跨文化交际意识的理论基础由文化适应模式理论与迁移理论两部分组成。

（一）文化适应模式理论

文化学习者在学习新文化时会有一个适应的过程。从社会环境和学习者个人心理因素两个角度来看，第二语言的学习过程是文化适应的具体体现。文化适应本身受本国文化和外国文化的双重影响，且这会从社会层面和心理层面对交际者产生不同程度的影响。文化适应这一概念最早由美国人类学家罗伯特·雷德菲尔德（Robert Redfield）、拉尔夫·林顿（Ralf Linton）、梅尔维尔·赫斯科维茨（Melville Herskovits）提出，他们认为文化适应需要在跨越两个种族文化的基础上形成新的文化思想。[1]

而文化适应模式最早是由约翰·舒曼（John H. Schumann）提出的，他按照学习者的目的将其分为两种：一种是理解适应目的语，与此同时通过改变自身方式和价值观念，成为目的语使用者中的一员；另一种则是学习使用目的语，但从心理角度将其作为第二语言，自身生活方式和价值观念并未被同化。[2]两种方式均可以实现第二语言的学习和发展，但是文化适应模式中不同人对第二语言和第二文化的学习和适应速度有着较大差别，在学习过程中学习者需要保持积极的语言和文化学习态度，由早期迈入中期获得全面发展。例如：在常见的英语教学中，学生并未处在真正的英语环境中，且距离英语文化较远，但教师可从文化适应模式的角度出发，在深入了解第二语言学习规律的前提下，为学生创造学习环境，如原声英语学习环境、英语杂志、英语歌词学习等，帮助学生建立第二语言的学习动机，从社会层面和心理层面缩短学生对第二语言的学习距离，使学生端正学习态度，从而在第二语言学习的过程中获得成功。

（二）迁移理论

在社会交际过程中，人们需要通过语言来表达个人思想，进而形成人际交往活动。学习者掌握第一门语言即母语后，其第一语言系统建立并形成；学习外语是学习者在熟练掌握第一语言的前提下进行的第二语

---

① REDFIELD R, LINTON R, HERSKOVITS M. Outline for the study of acculturation[J].*American Anthropologist*，1936（38）：149-152.

② SCHUMANN J H. An acculturation model for second language acquisition[J].*Journal of Multilingual & Multicultural Development*，1986，7（5）：379-392.

言系统的创建。迁移理论根据学习者的实际学习情况分为了正向迁移和负向迁移。正向迁移指的是第一语言即母语可以帮助学习者建立第二语言系统，即母语促进外语学习。负向迁移则正好相反，母语对外语学习具有抑制作用，会对学习者第二语言系统的建立产生干扰性作用，此时，学生难以在真正掌握第二语言的前提下自主开展跨文化交际活动。

例如：在英语学习过程中，部分汉语表达与英语表达有一定的相似之处，对于这部分内容，学习者学习和记忆起来就比较快速和简单，即第一母语促进了第二语言的学习。从表达形式方面来看，汉语书写与英语书写，汉语表达形式与英语表达形式存在较大差异，句子中主语、谓语和宾语位置的不同，均会形成负迁移现象，会对学习者学习第二语言造成阻碍，错误导向会加大学习者的学习困难度，减缓其学习进度，严重时甚至会对其学习自信心产生一定影响。

二、跨文化交际意识概述

首先，从语言和文化的关系角度来看，语言和文化是相辅相成且同时存在的，语言承载着文化内涵，文化则影响着语言的表达，语言可以营造具体的文化环境，并且会随着文化的发展而变化。在全球经济一体化和文化多元化的背景下，跨文化交际已逐渐发展成为一种普遍的社会现象，无论是开展国际贸易还是出国学习、工作和旅游，都涉及不同文化背景中的交际，这些都需要交际双方使用同一种语言来进行互通。

其次，从意识的作用角度分析，意识引领人类的行为活动，来自不同语言文化的交际双方只有树立跨文化交际的意识，才能依据交际规则，理解对方的行为，从而顺利开展交际，并取得良好的交际效果。除了不同民族文化之间存在的明显差异，不同交际个体之间也存在年龄、性格、职业、爱好等方面的差异，因此交际双方在跨文化交际过程中也会遇到很多问题和障碍。跨文化意识承认文化的多样性和不同文化之间的平等关系，并主张交际双方能够彼此尊重、相互包容。可见，树立跨文化意识有助于当今世界不同文化之间的和谐共处、共同发展。

最后，跨文化交际意识的内在含义指的是交际者对文化差异的敏感度，跨文化交际意识较强的人在面对文化差异时能够快速地做出反应，从对方文化的角度出发，对交际方式进行处理，减少对方误解，从而达成交际目的。每一种文化都具有独特性，需要交际者用独特的思维来思考和看待与文化内容相关的问题。在跨文化交际的过程中，不同文化会使交际者产生不同的思维方式，因而交际者应理解并接受文化差异，并在此前提下形成跨文化交际意识。世界文化多种多样且丰富多彩，以包容的态度看待不同文化，可以有效增进文化间的地位平等性，促进文化的多元化发展。

三、跨文化交际意识的培养

跨文化交际意识的培养对于发展学生的英语综合素质和英语应用能力来说有着重要的现实意义，下面本书从跨文化交际意识培养的目标、原则、内容、层次与步骤五个方面出发，讨论如何培养学生的跨文化交际意识。

（一）跨文化交际意识培养的目标

跨文化交际意识培养的目标包括以下五方面内容：一是使学习者具备获取目的语语言与文化信息的能力；二是使学习者具备较好的文化感知与文化理解能力；三是使学习者具备对目的语文化进行客观评价的能力；四是使学习者具备深入学习和研究目的语语言和文化知识的能力；五是使学习者在跨文化交际的实践过程中具备正确的文化意识。

（二）跨文化交际意识培养的原则

文化对人们的价值取向、生活方式和思维方式会产生一定的影响，不同文化下社会规范有所不同，风俗习惯和语言习惯可以直接反映出人的价值观念。交际活动与阅读文本对话不同，其要求人遵守相应的文化准则和交际行为规范。在语用迁移的前提下，交际者需要在学习第一语言的同时，应用第二语言与对方进行沟通和交流，这就需要交际者从多角度着手，提升自身的跨文化交际意识，从而保证交际活动的顺利进行。一般来说，跨文化交际意识的培养原则由以下几个部分组成（图 1-9）。

图 1-9　跨文化交际意识的培养原则

1. 系统性原则

跨文化交际意识的培养应遵循系统性原则，即教师在引导学习者学习跨文化知识、培养跨文化交际意识的过程中应以语言教学结合文化教学的方式，制订详细的学习大纲，如明确跨文化知识学习的内容、原则和方法，制订学习计划，检验学习者学习水平和目标完成情况。与此同时，教师应从文化背景、价值观、交际规则和思维方式等角度出发，在开展语言教学的同时系统地导入跨文化交际知识，减少文化学习和语言学习中的随意性，帮助第二语言学习者在掌握语言知识内容的同时，明确学习目标和学习计划，培养跨文化交际意识。

2. 文化要素导入原则

文化要素一般包括四方面内容：一是文化价值观念，即在特定文化下形成的价值观思想；二是信仰，即在完整价值观思想下形成的个人认知；三是规约，即在特定文化下约定俗成的交际礼仪和交际方法；四是思维方式，即在文化影响下个人主观思想的变化。不同文化要素的呈现方式有着较大差别。例如：如果学习者的跨文化交际活动受价值观念和社会规约的影响较大，那么他在学习跨文化交际知识的过程中，就要将这两项要素融合进去，学习目的语语言的文化价值观念、思维方式、社交礼仪以及社会规范等内容。

3. 文化差异对比原则

不同文化之间存在一些共性，但也存在差异性。在学习跨文化交际知识的过程中，学习者应在跨文化学习迁移理论的指导下，同时学习文化共性知识和文化个性知识。通常情况下，文化共性知识更容易被学习者掌握，文化个性和差异性等方面的知识则需要在理解的基础上逐渐掌握，以此帮助学习者形成相对应的价值观思想，并避免在口语和书面的跨文化交际中出现错误。从心理层面来看，学习者对共性知识容易了解也容易接受，对个性化事物容易表现出较为浓厚的学习兴趣，因而其在学习过程中应遵循文化差异对比原则，通过文化对比的形式进行深入学习。对比可体现不同文化之间的差异，提高学习者的记忆能力，培养学习者的跨文化交际意识。

4. 相关性和实用性原则

跨文化交际意识的培养应遵循相关性和实用性原则，相关性即跨文化交际意识的培养可以有效提高学习者的语言运用能力，实用性则指的是跨文化交际意识的培养能满足学习者日常交际的需要。要提高学习者的语言运用能力，就需要帮助学习者在了解目的语文化的前提下，掌握语言规律和文化对语言的影响，进而从文化角度增进对目的语的理解。此外，跨文化知识的学习应与学习者的跨文化交际需要密切相关，与提高学习者的交际能力高度相关，这样才能有效转化学习者的学习动机，使其产生强大的学习动力，在激发其学习兴趣的同时提高跨文化交际的学习效率，从实际应用和文化相关角度对学习者的跨文化交际意识进行综合提升。

5.适合性原则

适合性原则指的是学习者在培养跨文化交际意识的过程中，所选择的学习内容和学习方法是适合自身的。学习者不仅应学习主流文化内容，即被广泛认可的目的语语言内容和跨文化交际方式，还应从历史文化的角度出发，正确认识文化与语言之间的关系，适当学习目的语国家的历史文化，从而增进对目的语国家社会规范和礼仪文化的理解。学习方法方面，学习者首先应端正自身的学习态度，通过大量的阅读和实践学习，增加文化知识积累，拓宽知识面，从而形成自主思想，提高跨文化交际的意识。

6.主流性原则

不同国家的主流文化有着较大差别，因此学习者在培养跨文化交际意识的过程中，应从自身人生观、价值观、世界观的角度出发，判断外来文化和外来思潮；在接触丰富且呈现复杂特征的外来文化时，应进行辩证性的思考。具体分析，学习者应以学习本国主流文化为主，在实际的跨文化交际活动中辩证地接受目的语文化，在具备跨文化交际意识的同时，遵循主流原则，学习文化共核部分，保持个人的独立思想。

（三）跨文化交际意识培养的内容

跨文化交际意识的培养是一个循序渐进的过程，在培养过程中，教师应注意传授以下六方面的基本内容：一是目的语文化词语、短语、习语、谚语的表达；二是目的语文学典故、重大历史事件、人物方面的知识；三是目的语文化中的思维方式、价值观念、伦理道德等方面的知识；四是目的语文化中的典型节日、假日以及节假日的风俗习惯；五是目的语文化中的基本社交礼仪和社交规范；六是目的语文化中的非言语交际，如面部表情、手势动作等表示的含义。

（四）跨文化交际意识培养的层次

跨文化交际意识的培养可以分为四个层次，即旅游者心态、文化休克、理性分析与愿意适应、主动了解和自觉适应。

1. 旅游者心态

在学习者形成跨文化交际意识的初级阶段，交际者会产生旅游者心态。旅游者心态的显著特征就是学习者会根据自身所具有的文化知识储备来观察和分析其他民族的文化，因此他们对文化现象或文化实物的认知和理解只停留在表面阶段，不能理解不同文化现象或文化实物之间的内在联系。学习者在旅游者心态这一层次容易产生模式化的文化认知，将观察到的个别文化现象当作该民族的普遍文化现象，并认为这就是该民族的特点和本质。

2. 文化休克

当学习者开始在跨文化交际的实践过程中接触其他民族的文化时，由于不了解对方文化并且不能适应对方的文化形式，就会在实践中产生交际误解或文化冲突的行为。部分学习者在面对这些误解和冲突时会选择逃避或反抗，从而进入一种文化休克的状态。在这种状态下，学习者无法开展正常的交际活动，甚至会对跨文化交际产生抗拒心理。

3. 理性分析与愿意适应

在经过一段时间的文化休克状态后，学习者通过学习掌握了更多目的语文化的知识，同时交际次数的增多使学习者熟悉了交际环境，慢慢理解和接受了目的语文化，这时学习者就有能力客观看待目的语文化，并从主观上愿意适应目的语文化。

4. 主动了解和自觉适应

这一阶段，学习者在以往文化知识积累的基础上开始对目的语文化产生兴趣，因而愿意主动了解和自觉适应目的语文化形式，并愿意花费更多的时间和精力探索和发掘造成特定文化现象的原因，即愿意对目的语文化背后的思维方式、价值体系、观念文化等进行深入研究。这一阶段是跨文化交际意识培养的较高层次，学习者已经能克服初期阶段对目的语文化的排斥和恐慌心理，并且愿意改变自己固有的文化看法和文化意识，能主动适应和接受新的文化形式。

（五）跨文化交际意识培养的步骤

基于以上对跨文化意识培养的分析，结合跨文化意识研究的成果，本书认为跨文化交际意识培养的步骤可分为五步：第一，尊重目的语文化现象和事物；第二，理解目的语文化现象和事物，并相信这些现象或事物的存在是合理的，有文化渊源的；第三，积极参与目的语文化的学习，尝试与目的语文化背景下的人进行交际；第四，愿意调整自己的认识和行为，学会理解并主动适应新的交际环境或文化环境；第五，最终达到适应目的语文化环境和交际行为的水平。

第四节　跨文化交际的能力

一、跨文化交际能力的定义

在针对跨文化交际能力的研究中，中外学者根据各自国家的国情和研究情况，赋予了跨文化交际能力不同的含义。

学者布赖恩·斯皮茨伯格（Brian Spitzberg）从广义角度对跨文化交际能力进行了定义，他认为跨文化交际能力是在某一特定语境下恰当而又有效的交际行为。[①]这一定义的前提是某一特定语境，然后从恰当和有效两个方面对交际者的跨文化交际能力进行了评价。

与之类似的，劳拉·佩里（Laura Perry）、利奥妮·索斯韦尔（Leonie Southwell）认为跨文化交际能力是指不同文化背景下人们有效、恰当地

---

① SPITZBERG B H.A model of intercultural communication competence[M]// SAMOVAR L A, PORTER R E. *Intercultural Communication: a Reader*.Belmont: Wadsworth, 2000: 379.

交往的能力。①

理查德·韦斯曼（Richard Wiseman）认为，跨文化交际能力指的是与来自其他文化的成员进行得体、有效交际所需具备的知识、动机与技能。②

从以上内容来看，西方国家学者多从社会学和心理学等角度对跨文化交际能力进行研究，定义内容在研究过程中形成，且符合现实具体情况。中国学者对跨文化交际能力的定义与西方国家学者的研究成果也有一定的关系。例如：

贾玉新将跨文化交际能力定义为四大系统，即基本交际能力系统、情节能力系统、情感和关系能力系统以及交际方略能力系统。③

陈国明从三个层面对跨文化交际能力进行了具体定义，首先是认知层面，即跨文化交际意识，其次是情感层面和行为层面，即跨文化交际技巧的实践性应用。④

文秋芳从能力角度对跨文化交际能力进行了具体分析，将跨文化交际能力分为交际能力和跨文化能力，前者包含语用能力、语言能力和策略能力，而后者具体指的是对文化差异的敏感性、宽容度和处理文化差异的灵活性等。⑤

不同国家和不同领域的学者对跨文化交际能力的定义有所不同，因而本书综合考虑了多方面因素，最终将跨文化交际能力定义为处理跨文化交际实践过程中出现的各种文化问题，如文化差异、文化意识、文化态度、文化情感等问题的能力。在实际的跨文化交际活动中，跨文化交

---

① PERRY L, SOUTHWELL L. Developing intercultural understanding and skills: models and approaches[J]. *Intercultural Education*，2011，22（6）：455.

② WISEMAN R L.Intercultural communication competence[M]//GUDYKUNST W B.*Cross-Cultural and Intercultural Communication*. Canada：Sage Publications，2003：195.

③ 贾玉新.跨文化交际学[M].上海：上海外语教育出版社，1997：480.

④ CHEN G M, STAROSTA W J. The development and validation of the intercultural communication sensitivity scale[J]. *Human Communication*，2000，3（6）：1-15.

⑤ 文秋芳.英语口语测试与教学[M].上海：上海外语教育出版社，1999：21-30.

际能力表现在交际的得体性和有效性方面。

首先，交际的得体性是指跨文化交际参与者的言行符合目的语文化的价值观念、行为模式和社会规范。其次，交际的有效性是指跨文化交际参与者能够实现自己的交际目标，达到交际的目的。总之，跨文化交际能力具有内在性，参与者可以根据自己的观念意识进行知识输入、技巧输入，然后下达交际命令，完成交际行为。

二、跨文化交际能力的构成要素

斯皮茨伯格认为跨文化交际能力由知识、动机、技巧和非语言表达四个要素构成，且彼此之间具有相互影响和相互依存的关系，[①]如图1-10所示。

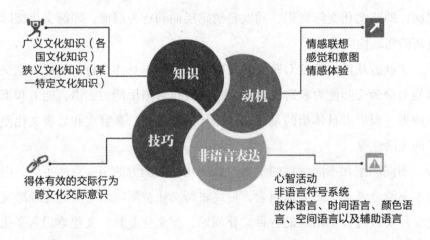

图1-10 跨文化交际能力的构成要素

（一）知 识

知识指交际者应该了解目的文化中交际对象、语境以及人们对得体行

---

① SPITZBERG B H.A model of intercultural communication competence[M]// SAMOVAR L A, PORTER R E. *Intercultural Communication*：*a Reader*.Belmont：Wadsworth，2000：379.

为的要求等信息。这些知识是交际者正确解读交际对象传达的语言和非语言信息的基础，同时是交际者选择得体交际行为的依据。如果缺乏跨文化交际知识，交际者便会无法确定自己的交际行为在目的语文化语境中是否得体、有效。跨文化知识一般分为广义文化知识和狭义文化知识，广义文化知识即各国文化的知识，而狭义文化知识即某一特定文化知识。

广义文化知识具有宏观性，能够对交际者的跨文化交际行为进行指导。例如：通过深入学习各国文化模式和交往规则，交际者能够了解不同文化模式和交往规则，在重视文化差异的前提下提高对跨文化现象的敏感度，了解跨文化前提下的人际交往模式，快速理解跨文化语境与交际对象行为的隐性表达内容。广义文化知识的掌握还意味着交际者需要掌握多国代表性文化和地域知识，对不同于其他国家或地区的文化特点进行综合了解，掌握其主流文化模式和发展趋势。

狭义文化知识的掌握则需要交际者在跨文化交际中掌握特定的语境知识，如在跨文化商务沟通的过程中，交际者需要掌握与商务活动相关的文化常识，出国留学的学生需要掌握所在国家的文化常识等。

（二）动 机

动机要素具体指的是交际者在跨文化交际的过程中形成的预期情感联想，与知识要素相同的是，情感因素也会影响交际者跨文化交际效果。从感觉和意图的角度来说，不同文化背景的人在交际过程中呈现出的情感状态，涉及跨文化交际的文化敏感性问题以及交际者对不同文化的态度。在跨文化交际中，交际双方会具有幸福、悲伤、愤怒、快乐等不同的情感体现，交际者对文化的敏感性和对某一特定文化的态度则是交际者的感觉体现。在跨文化交际的过程中，很多交际者不愿意主动面对不够熟悉的环境和事物，即陌生的环境、声音甚至味道，会使交际者对跨文化交流望而却步，而勇于体验陌生事物才能使交际者在跨文化交际过程中提高体验动机和跨文化交际能力。

从交际意图角度出发，为交际者设定行为目标和制订行为计划，可以帮助交际者在跨文化交际活动中具备正确的行为趋向。对于不同文化背景的人来说，他们一般会对某种文化产生定式看法，因此交际者可根据这一看法选择相应的应对措施。在交际行为发生前，交际者的主观思想，如其对交际对象或某一文化的负面看法，会影响交际者对交际对象行为的客观判断。而当交际意图呈现出积极状态时，交际双方的判断和评价才会相对准确，交际氛围也会比较好，这也表明交际者的跨文化交际能力较强。反之，当交际意图呈现出消极状态时，交际双方的判断和评价往往不够客观，跨文化交际氛围也会受到影响，此时跨文化交际者需要进一步提高自己的交际能力。

（三）技 巧

技巧可以使交际者在跨文化交际过程中表现出的交际行为更加得体和有效。交际者需要在掌握跨文化交际知识的前提下，以积极的交际态度形成交际动机，综合运用一定的交际技巧，更好地完成跨文化交际任务。例如：一个人想要弹钢琴，通过学习书本内容掌握了钢琴的弹奏知识，具有强烈的弹奏动机，但是其在缺乏弹奏技巧的前提下还是难以自主完成弹奏过程。

（四）非语言表达

非语言表达属于心智活动内容，如交际者在跨文化交际的过程中通过细致观察对方的肢体语言、时间语言、颜色语言、空间语言以及辅助语言等方面了解到对方文化与己方文化的细微差别。以言语交际为例，为了准确地使用非语言符号系统进行交际，交际者在跨文化交际的过程中还应通过专门的练习来达到提高非语言符号系统运用能力的目的。例如：交际者在准备去其他国家之前，应先学习当地人们打招呼的方式，了解当地的文化习俗和人们的日常行为习惯等。

三、跨文化交际能力的培养要点

（一）跨文化意识的培养

跨文化意识来源于学习者对母语文化和目的语文化的认知和理解，不同国家和地区的文化会具有一定的差异，这就需要学习者在学习其他国家语言和文化知识的同时形成文化意识。正确的文化意识和文化观念可以使学习者站在客观角度对不同国家的文化内容进行评价。从某种角度来说，跨文化意识是不同文化在学习者心中呈现的状态，即文化定式，因此跨文化意识的培养可以提高学习者对文化的认知，使其坚定个人正确的文化观，并使其在学习过程中提升文化素养、实现个性化发展。

（二）跨文化技能的发展

跨文化技能的发展一般体现在以下几个方面：首先，联系母语文化与目的语文化的能力。其具体指的是学习者在学习母语文化的基础上借鉴性地学习目的语文化，在学习语言知识的同时了解语言背后的文化思想，然后辩证性地形成自主观点，综合语言和文化之间的关系，以便今后交际活动的开展。其次，具备文化敏感能力。在交际活动中，交际者应对交际过程中的敏感词语和敏感动作等文化敏感因素了然于心，并能够结合一些交际策略与目的语文化主体开展近距离的交流活动。同时，能够以中介的身份扮演中介角色，正确处理文化交际中的误会或矛盾等问题。最后，跨文化技能还表现为交际者能够克服文化定式的能力，即交际者能在确认理想的前提下超越现实，敢于发展和尝试打破真理定论，并在坚定自身文化信念的前提下，对跨文化知识进行融合性学习。

（三）存在性能力的关注

学习者的知识掌握程度、认知能力和交际技能等因素均会对跨文化交际产生一定的影响，此外，跨文化交际的影响因素还包括交际者的人格因素、人格类型和个体特征等方面，如交际者的谈话态度、交流动机、价值观思想、信仰解释以及对特定事物的认知等。因此，跨文化交际应以人格培养为根本，引导学习者以自信、平等、公正、开放的情感态度参与跨文化交际活动。

（四）学习能力的提升

从本质角度来看，跨文化交际能力的培养需要交际者在观察和参与的基础上综合应用跨文化知识来达到自身的交际目的。语言学习能力需要以实践的方式加以验证和获得，且需要从文化的角度出发进行后续跟进和修正。提升交际者的学习能力，使其从言语交际意识、语言技能学习、文化学习方法以及探索学习等角度出发，学会正确处理文化现象，在特定学习环境中挖掘和理解新的文化信息，进而可以使其跨文化交际能力获得全面提升。

四、跨文化交际能力的培养方法

（一）对比法

不同的国家或民族在地域环境、气候条件、政治制度、历史背景、生产方式等方面存在一定的差异，其群体文化也呈现出不同的特征。因此，跨文化交际活动的参与者只有通过学习与对比才能发现本民族文化与其他民族文化之间的异同，从而获得文化感知力和文化敏感度，加深对不同民族文化内涵的理解，提高自身的文化意识和跨文化交际能力。在实际的课堂教学过程中，英语教师可以适当引入说英语的国家的风土人情的介绍，发掘英语特色文化，引导学生通过对比了解双方文化的异同，如中西方文化在称谓语、问候语和告别语方面的差异，中西方文化在体态语，如手势与表情、交谈体距方面的差异，中西方文化面对赞美时的一般反应，中西方文化在待人接物、社交礼仪方面的差异，中西方文化在思维方式与价值观念方面的差异等，进而加深学生对英语民族文化的印象，并培养其得体的社会交际礼仪。

（二）氛围法

氛围法是指英语教师要为学生创建接近真实的语言文化交际情境，结合语言教学，为学生提供创造性使用语言的机会，使学生在英语语言文化氛围中自由地表达自己的思想。例如：英语教师可以利用教材提供的话题让学生改编对话进行表演，使学生真切地感受英语语言文化的特点和魅力。同时，英语教师要引导学生注意影响交际效果的文化细节内容，以提升学生对文化的敏感度，如对问候、道谢、致歉等习语、委婉语和禁忌语的使用，尤其是在讲授委婉语与禁忌语的过程中还可以结合对比法开展教学。

1. 中西方关于疾病、排泄和死亡的委婉语

汉语和英语文化都对疾病、排泄和死亡方面的话题有忌讳，需要用委婉语来表达。

关于疾病，西方文化常用缩写字母代替疾病的名称，如"ALL"表示急性淋巴细胞性白血病，"CHD"表示冠心病，"PD"表示帕金森病，sightless 表示"blind"（盲人、失明的）等。中国文化中关于身体的残疾和缺陷也有一些委婉的表达，如用"盲人"代替双目失明之人，"聋人"代替双耳失聪之人，"智障人士"代替"傻子""弱智"等贬损称谓。

关于去厕所，汉语中也有一些委婉的说法，如净手、解手、如厕、出恭、方便一下等。英语中，人们也会用一些文雅的词来代指厕所，如bathroom、restroom、lavatory、comfort station、public convenience 等，"我想上厕所"的含蓄说法有"Where can I wash my hands?""I'm just going to spend a penny." 等。[①]

人的死亡也是不愿被提及的沉重话题，当亲近之人或者受人尊敬、爱戴的人死了，汉语中就会称为"去世、逝世、与世长辞、故去"等，对英

---

① 谭焕新. 跨文化交际与英汉翻译策略研究 [M]. 北京：中国商业出版社，2018：190.

雄人物的因公去世还会尊称"牺牲、就义、殉职"等。西方文化则会用"be safe in the arms of Jesus、be in Abraham's bosom、be asleep in the valley、return to dust、be taken to paradise、go to meet one's maker、be promoted to glory、go to heaven"等短语表达,"死者"被称为"the departed"。

此外,由于超重和肥胖已成为西方国家较为严重的社会问题,他们不希望别人用"fat"一词形容自己,如果想形容一个人胖,可以用意思为"丰满"的词语,如"plump""buxom""voluptuous""full-figure"代替。在中国文化中,人们会用"肉嘟嘟""丰满""富态""发福""丰腴""心宽体胖"来形容身材丰满。

2. 中西方关于年龄问题(衰老)的委婉语

年龄问题在西方国家是一个敏感、隐私的话题,尤其是对于老年人和妇女而言。在一些西方国家,人老了就意味着职业生涯的结束和经济来源被切断,加之没有儿女赡养,导致很多老年人生活在孤独和贫困中,因此他们害怕别人说自己老。由此产生的委婉语有 senior citizens(资深市民)、the elderly(年长者)、the mature(成熟的人)、no longer very young(不再很年轻)等。对"老"这个词的忌讳也反映出西方文化中崇尚年轻、活力的价值观念。但在中国文化中,人们提倡尊老敬老,汉语中有很多关于"老"的褒义词,如"老当益壮""老马识途"是对老人的赞美,赞美老人行事经验丰富或者神勇不减当年;汉语称呼语中在姓氏后加一个"老"字,是对有学识且品德高尚的长者的尊称;老人称自己的朋友为"老伙计",也是对朋友的爱称。

(三)阅读法

本书用于跨文化交际能力提升的阅读法特指由语言教育家斯蒂芬·克拉申(Stephen Krashen)提出的"窄式阅读法"。[①]窄式阅读法是

---

① KRASHEN S D. The case for narrow reading[J]. *Language Magazine*,2004,3(5):17-19.

有利于目的语文化学习的阅读方法，其主要的操作方法是引导语言文化的学习者集中阅读有关某一话题文化的多篇文章，并使其通过阅读和理解文章中那些显性或隐性的文化信息，积累目的语文化知识，提高目的语文化意识。克拉申认为，这种窄式阅读法对目的语文化的学习与训练颇有成效，英语教师可以提前搜集和整理出某一专题的文化内容资料供学生阅读，帮助学生在短时间内掌握某一文化专题的词汇、风格以及深层次的文化内涵。例如：学生要想了解西方国家女性意识的崛起与发展，就可以通过阅读英国女性文学家，如简·奥斯汀（Jane Austen）、勃朗特姐妹（Charlotte Brontë、Emily Brontë、Anne Brontë）、伊丽莎白·盖斯凯尔（Elizabeth Gaskell）等人的文学作品，进而了解英语文化中女性主义思想的嬗变、发展历程及社会意义。

（四）自我认知法

在跨文化交际活动中，人们常常关注交际对象的反应和信息，而忽略了自身的认知风格、情感态度等影响交际的因素，这种做法是不恰当的。为了使学习者认识自身对跨文化交际活动的重要性，促进跨文化交际活动的有效进行，英语教师可以使用自我认知法。自我认知法是培养高校学生跨文化交际能力的有效方法。自我认知法是指高校英语教师引导学生通过认识自我来了解自身的文化、情感等交际需求，从而提高跨文化交际能力的方法。具体分析，自我认知法需要教师引导学生了解自身以下几个方面的内容。

1. 了解自身文化

人们在参与跨文化交际活动的初级阶段会无意识地使用本民族文化的价值观念、行为标准以及交际规范来衡量对方的言行举止，因此了解自身文化的特点和代表性观点有助于帮助人们克服交际过程中出现的民族文化优越感心态以及民族中心主义的狭隘思想，提升跨文化交际能力。

2. 了解自身情感态度

人们参与跨文化交际活动时的态度对交际活动的正常开展影响较大，因为人们在与具有不同文化背景的人进行沟通时，往往会产生一种由预先印象或文化定式造成的情感态度。这些交际前的态度给交际活动参与者戴上了有色眼镜，使其不能如实地评价对方交际行为给自己带来的感受，甚至产生误解。如果参与者能提前意识到一点，就能在一定程度上克服先入为主的消极情绪，从而减少负面情绪对交际的影响，体验跨文化交际活动带给自己的真实感受。

3. 了解自身交际风格

交际风格是指交际活动参与者在交际过程中喜欢采用什么样的交际形式、交际渠道来开展交际，如对答交际形式、辩论交际形式，语言渠道或非语言渠道等，以及交际活动参与者赋予信息的情感内容和真实内容，希望交际对象参与交际的程度。人们在交际活动中会通过观察了解对方的交际风格，但却很少关注自己的交际风格。如果一个人在交往中认为自己是一个内向型、敏感型的人，而其交际对象却认为此人是开放型的交际风格，那么他们的交际活动就很有可能出现问题。

4. 学会自我观察

自我观察是人们了解自己交际风格和交流态度等交际行为的有效方法。一般情况下，交际对象不会将他们认为的交际者的交际风格如何、表达方式如何、有什么缺点告诉交际者，因此交际者需要根据交际对象的反应来判断、总结自己的交际风格，认识自己的不足之处。多使用有效的交际策略，避免使用失败的交际策略，在交际实践中提高自己的交际能力，改善自己的交际风格。

第二章　语言、文化与英语教学

第一节　语言与文化的关系

一、语言的整体概述

（一）语言的定义

语言在生活中产生且应用于实际生活。从通俗角度来说，语言即人所说的话语，语言的这一定义虽简单易懂但是却过于笼统，并未对语言内容进行整体介绍。语言是一门极具研究价值的自然学科，研究过程中经常会涉及一些专业性问题，如语言的构成成分、语言的构成关系、不同种类的语言及其构成形式的区别等。

语言由符号组成。语言符号系统包罗万象，通过不同的组合和结构，承担着复杂声音和情感的传递任务。从语言的本质特征来看，语言的定义中应包含以下几个要素：第一，声音表达。语言是通过声音进行表达的，即人在交际活动中通过发出声音来完成交谈行为。人们听到的语音一般包含着特殊的含义，能够表达具体意义。不同的国家和不同民族都具有自身的语言系统，语音构成成分有着较大区别，因此人们需要在辨别语言来源的前提下对声音所表达出的内容进行辨别和分析。第二，语言表达。语音是语言的一种重要表达形式，以语音的形式呈现语言表达内容，需要人在听的基础上了解其具体含义，即语义。从客观角度来说，语义表达为客观存在的事物。语义也可加入交际者的主观态度，即人的主观感受，通过分析声音形态和语气，人们可以判断交际者的年龄和心理状态，深度把握语言内容。第三，组织结构。组织结构即将复杂内容和思想情感以语法的形式进行系统串联。以英语等形态语言系统为例，英语句子需要基本词语来进行支撑，并结合相对应的语法形式来进行完整意思的表达。

从以上几点内容可以看出，语言是一种具有系统性和复杂组合的工具，语言系统由语音、词汇、语义和语法四部分组成，内容繁杂且组织结构缜密，具有较强的实际研究意义。

随着语言学家对语言本身内容的研究，他们开始逐步对语言的认识产生新的看法，并从语言属性角度出发对语言进行了定义，即语言是人类特有的社会现象，是音义结合的符号系统，也是交际的重要工具，语言承载着人类文化，也反映着人类思维。从属性角度来看，语言的定义应包含以下几方面内容：第一，语言的本质。语言从本质上讲是一个符号系统，由词语和语法构成。在实际应用中，语言是由声音和意义共同构成的。第二，语言的使用对象。人类可以用语言交谈并形成具体文字，以语音传递信息和多样化情感，而其他动物只能通过其他方式传递简单信息，因而语言是人类独有的。第三，语言的特性。语言是在人类自然发展和社会推进过程中形成的，因而语言是一种自然现象，且具有一定的特殊性。第四，语言的基本功能。从基本功能角度来看，语言可以帮助人类进行交际活动，语言具有思维和情绪表达的基本功能。

（二）语言的功能

从语言的定义内容来看，语言是人类交际活动的重要工具，一般来说语言是人类独有的，能够承载信息和表达人的情感和情绪。语言学是复杂的人文学科，语言学家从抽象角度出发，对语言的主要功能进行了总结性归纳，如图 2-1 所示。

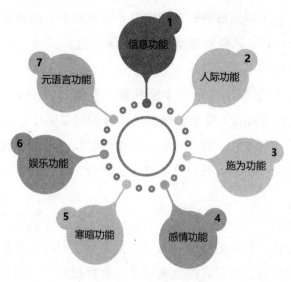

图 2-1　语言的主要功能

1. 信息功能

语言可以对信息进行解读、传递和记录，因此大多数语言学研究者将语言的主导功能确定为信息功能，他们认为语言是通过一定的系统性思维组织符号内容形成的，因此是思维的工具。从表象层面来看，语言为内容表达提供服务，内容则是交际者的生活经验、自我意识以及精神世界，语言将内容结构化则成为人类习惯性的常态化思维，因而在看待事物的过程中，人应遵循语言暗示，在从不同角度看待事物的过程中则产生自我思维。

2. 人际功能

人际功能是语言社会功能的具体体现，语言可以帮助人们在社会中体现自身地位，维护自身形象和社会地位。从功能语法角度来看，人际功能的语境建立取决于交际双方的语言互动关系和互动态度。语言对社会规则的建立和维持具有重要作用，语言互动可以增进人与人之间的情感，使自身人格获得表达。语言可以表达出关心、羡慕、厌恶以及喜欢等不同情绪，而不同地域的口音和方言，也影响着人的谈吐和个性化发展，在实际生活和交际中展现着语言的人际功能。

3. 施为功能

施为这一概念最早由语言学家约翰·奥斯汀（John Austin）和约翰·塞尔（John Searle）提出。在哲学研究领域范畴中，语言的施为功能被当作语用学的支柱。施为功能主要指的是以语言的形式改变人的社会地位，如婚礼、祈福以及祭奠等仪式的举行，以正式语言体现活动的仪式感。

4. 感情功能

语言的感情功能一般指的是通过语言的形式对人产生情绪和态度方面的影响，如以语言的形式改变人对某一事物的看法，减少人的压力进而帮助其缓解紧张感。语言的感情功能一般归属于表达功能，即语言的感情化表达，如开心地哈哈大笑，受刺激而表现出来的尖叫等。

5. 寒暄功能

寒暄功能指的是语言的交互性，如日常对天气、健康等话题的随意谈论，就是人与人之间简单的打招呼的一种方式。在不同文化中，寒暄交谈的方式也不同，且会随着民族风俗的变化而变化。语言的寒暄交谈能够帮助交际者维持人际关系，营造愉快的交际氛围，在寒暄交谈的过程中，受地域或民族风俗习惯的影响，寒暄交谈逐渐形成俚语文化和礼节性问候语，地域方言和社会方言被广泛应用。

6. 娱乐功能

语言的娱乐功能具有目的单一的特性，主要是为了娱乐而使用语言，如唱歌和相声表演等。

7. 元语言功能

元语言功能主要指的是以语言来讨论语言本身的过程，即在语言的使用和研究过程中，一种语言被作为研究对象，而另一种由研究者用作谈论研究对象的语言则被称作元语言，由此可见元语言是针对文本或语言行为进行讨论的一种语言功能。

（三）研究语言的意义

语言是人类交际活动中必备的工具，语言承载着人的思维，人类借助语言可以将自身文明成果和思想精神传递下去，语言是人类在生产和生活的过程中逐步创造出来的，具有较强的实际意义。除人类之外，许多动物也能够通过发出声音的形式在同种族之间传递信息完成交流，但是这一信息交流传递受多种因素限制，缺乏灵活性，因而只有人类拥有真正的语言。语音本身并不具备任何意义，但是将语音以某种形式和规律组合起来则成为语素，将语素作为基础元素通过各种方式排列组合形成的话语，可以表达出多种意思，无穷尽的变化则具有各种意义。文字是语言的视觉表达形式，可以摆脱时间和空间对口语的限制，即以文字记录的形式将语言保存下来，在这一基础上，语言在人类社会发挥的作用越来越大。

语言学包含很多内容，语言千变万化的影响元素难以用数字进行计量，且充满着神秘色彩和诸多奥秘，语言对人类社会的发展具有重要的推进作用，语言问题乃当前人文科学研究的核心。语言是文化形成的基础，也是人际交流的最本质工具，它既是一种社会现象，也是最具民族特色的重要特征。正确并有涵养地使用本国语言，可以体现人的素质和教养。随着人类社会的发展，语言并不仅仅只是一种交流工具，更是部分人心中的信仰。语言从出现发展到完全形成经历了一个漫长的过程，语言具备一定的复杂性和可研究性，因此形成了语言学这一专门研究语言的独立学科。世界不同国家和地区有着不同的民族和语言，不同民族形成了多样化的文化背景，语言交流、文化碰撞形成了人类文明。从当今社会发展来看，语言和信息已经成为人类赖以生存的基本条件。

二、文化的整体概述

（一）文化的定义

文化一词起源于西汉，刘项在《说苑·指武》中认为："圣人之治天下也，先文德而后武力。凡武之兴为不服也。文化不改，然后加诛。"即文化为封建王朝所施行的文治和教化的总称。在社会的不断发展和进步下，文化一词被赋予了多重含义。例如：在英语等西方语言中，"文化"一词来自拉丁文"cultura"，原意是对土地的耕耘和对植物的栽培，后来泛指人工的、技艺的活动及其成果，并进一步拓展到社会制度、风俗习惯等人类行为本身。英国人类学家爱德华·泰勒（Edward Tylor）曾说："从广义的人种论的意义上说，文化或文明是一个复杂的整体，它包括知识、信仰、艺术、道德、法律、习俗以及作为社会成员的人所具有的其他一切能力和习惯。"① 这已与文化的现代意义十分接近。此后不同时代，不同文化背景下的研究机构或学者纷纷给出了自己对文化的定义。

1. 工具书释义

《辞海》从广义和狭义两个角度对文化进行了定义，广义指人类在社会实践过程中所获得的物质、精神的生产能力和创造的物质、精神财富的总和。狭义指精神生产能力和精神产品，包括一切社会意识形式：自然科学、技术科学、社会意识形态。《牛津简明英语词典》则从艺术角度对文化进行了定义，将文化看作智力产物，并以深层文化，即文学、艺术和政治等具体内容来对文化进行表述。《美国文化词典》从艺术、信仰以及风俗等角度将文化定义为人类工作和思想的整体产物，且将文化具体分为两个部分，即深层文化和浅层文化。深层文化指行为艺术下的精神发展，浅层文化指传统、风俗和行为习惯等文化的日常体现。

---

① 泰勒.原始文化 [M].蔡江侬，译.杭州：浙江人民出版社，1988：1.

2. 国外学者释义

英国人类学家玛丽·道格拉斯（Mary Douglas）认为，任何文化都是一系列相关的结构。它包括社会形态、价值观念、宇宙哲学和整体知识体系。通过它们，所有的经验都能得到调和。①

美国文化人类学家塞雷娜·南达（Serena Nanda）认为，文化作为理想规范、意义、期待等构成的完整体系，既对实际行为按既定的方向加以引导，又对明显违背理想规范的行为进行惩罚，从而遏制了人类行为向无政府主义倾向发展。②

美国文化人类学家克利福德·格尔茨（Clifford Geertz）认为，文化概念既不是多重所指的，也不是含糊不清的，它表示的是从历史上留下来的存在于符号中的意义模式，是以符号形式表达的前后相袭的概念系统，借此人们交流、保存和发展对生命的知识和态度。③

3. 国内学者释义

梁启超认为："文化者，人类心能所开积出来之有价值的共业也。"④

梁漱溟认为："俗常以文字、文学、思想、学术、教育、出版等为文化，乃是狭义的。我今说文化就是吾人生活所依靠之一切，意在指示人们，文化是极其实在的东西。文化之本义，应在经济、政治，乃至无所不包。"⑤

钟敬文："凡人类（具体点说，是各民族、各部落乃至于各氏族）在经营社会生活过程中，为了生存或发展的需要，人为地创造、传承和享用的东西，大都属于文化范围。它既有物质的东西（如衣、食、住、工

① 道格拉斯. 洁净与危险 [M]. 黄剑波，柳博赟，卢忱，译. 北京：民族出版社，2008：159.

② 南达. 文化人类学 [M]. 刘燕鸣，韩养民，译. 西安：陕西人民教育出版社，1987：46.

③ 格尔茨. 文化的解释 [M]. 韩莉，译. 南京：译林出版社，1999：109.

④ 梁启超. 梁启超论中国文化史 [M]. 北京：商务印书馆，2012：1.

⑤ 梁漱溟. 中国文化要义 [M]. 上海：上海人民出版社，2005：6.

具及一切器物），也有精神的东西（如语言、文学、艺术、道德、哲学、宗教、风俗等），当然还有那些为取得生活物资的活动（如打猎、农耕、匠作等）和为延续人种而存在的家族结构及其他各社会组织。"[①]

根据以上学者对文化的阐释，可以看出文化是人类精神和物质生活的总和，它包罗万象，存在于历史发展的进程之中，为文化共同体全体所享有。但文化又是多元发展的，因为民族和地域的差别，中西方文化有不同的价值取向和精神内涵。这一点从中西方语言文化的差异可以看出来。

（二）文化的特征

1.民族性

文化是某一特定群体长期共同生活和交往的产物，特定群体经常以族群的方式呈现，因而文化具有明显的民族性特征。由于不同民族的生存发展环境存在差异，因此其积累的文化以及文化传播的方式也存在一定程度的差异，民族文化鲜明的特征就此形成。可以说，文化是以种族或民族为中心的，文化首先是某个民族的，其次才是属于全人类的。

2.地域性

文化不仅有鲜明的民族性特征，还具有较强的地域性特征。文化随着人类的诞生和发展而出现，而人类又诞生于不同的地域，因此文化一出现就被烙上了鲜明的地域印记。虽然现在文化的发展呈现出相互影响、多元共存的趋势，但仍然存在相对的地域界限，不同的地域文化有东亚文化、中东文化、欧洲文化、非洲文化、拉丁美洲文化等。

3.发展性

文化的稳定性是相对的、有条件的，但其发展性却是绝对的、必然存在的。文化的发展性突出体现在不同文化在交流与碰撞的过程中发生的变化。具体分析，世界各国、各地区之间的贸易往来和互联网技术的

---

① 钟敬文.话说民间文化[M].北京：人民日报出版社，1990：35.

普及应用为各民族文化的交流与碰撞创造了条件，不同文化在相互交流、碰撞的过程中遇到了新的挑战，也迎来了新的发展机遇，实现了自我超越与提升。下面以中国文化的现代化发展为例分析文化的发展性。当今时代，中国文化的现代化发展主要受两种文化的影响：一个是自身的传统文化，另一个是外来的西方文化。

（1）传统文化影响下现代文化的发展。在中国，传统文化与现代文化的分立是以"儒家文化与文化现代化"的形式体现出来的。其中，儒家文化作为中国传统文化的核心组成部分，它所提出的很多重要思想被西方国家视为中国文化的代表。而文化现代化是整个现代化过程的重要方面，也体现在社会现代化、经济现代化和政治现代化的各个层面。事实证明，儒家文化的很多思想在促进中国文化现代化的发展进程中能发挥有效的促进作用。这一点可以从以下几个角度进行分析。

第一，儒家文化中的一些重要思想，如仁义礼智信、温良恭俭让、忠孝勇恭廉等经过辩证否定，推陈出新，与文化现代化的发展需要相结合，仍具有借鉴意义。

第二，儒家文化提出的教育理念和教学方法曾促进了中国古代教育事业的发展，一些教育观念如"有教无类""因材施教""学而时习之"对现代教育教学活动的开展仍具有借鉴意义。

第三，儒家文化在中华民族几千年的历史发展进程中，已经同中华儿女的民族心理、民族性格、思维方式、生活方式建立起紧密的联系，儒家文化倡导的行为素质已成为中国人民的显著特征，这些特征已经深深扎根于中国人民的血脉之中，因此不会轻易改变。

第四，儒家文化的创始人——孔子在几千年前就意识到要通过人格塑造去世间行道，这一点与现在提倡的人的培养和塑造没有太大的差别。中国现代化社会的建设需要解放人的思想，完善人的品格，发展人的能力，文化发展得越先进，就越重视人的价值，因而人的塑造是儒家思想与文化现代化的结合点，是中国现代化乃至整个人类社会发展的必然趋势。

（2）西方文化影响下中国文化的发展。随着改革开放的推进和不断深入，人们文化观念上产生了一定的变化。西方国家作为现代化的起点与中心，其倡导的各种文化观念、生活方式等正通过各种渠道传入中国，形成了中西方文化相互碰撞的文化生态格局。针对这种现象，人们提出了不同的观点。有些人支持民族文化的独立，强调弘扬中华文明；还有一部分人主张学习西方文化，认为西方文化中包含新时代人类发展需要的重要因素。在这种情况下，我国必须坚持马克思主义在意识形态领域的指导地位和社会主义文化价值观念不动摇，同时也应理性地认清中国文化在现代化发展道路上必然会受到西方文化影响的事实。

站在历史发展的角度分析，中西方文化存在较大冲突，但我们不可过于强调中西方文化的冲突而忽略二者的相互学习、相互借鉴与相互吸收，尤其是中国文化这一方，更应通过积极地学习西方文化的优点来创新自己的文化。改变需要摒弃一些不合时宜的腐朽、落后的文化，并尝试注入新鲜的血液。这无疑是一个痛苦的过程，也是一个充满不舍情绪的过程，不过，中华儿女已经勇敢地迈出了这一步，并且直至今日还在进行着民族文化的创新。这是一个民族自信的象征，是为未来播种希望的做法。

4.包容性

文化的包容性体现在如下两个方面。

一方面是指文化是一个由多种要素相互作用构成的复杂整体，它包罗万象，内涵丰富。不论是从哪个角度审视，文化都如同一颗璀璨的宝石，每个切面都散发出不同的光彩。其中，文化的分类和其深厚的内涵是最好的证明。例如：当人们谈及艺术文化时，无论是音乐、舞蹈、戏剧、绘画还是雕塑，每一种都有其独特的魅力和深沉的背后故事。以音乐为例，从古典音乐到现代流行音乐，从民间歌谣到现代摇滚，每一种音乐形式都承载了其时代的特色和人们的情感。而在日常生活中，人们的饮食、穿着、居住，甚至是与人交往的礼仪，都是文化的一部分。以饮食为例，中国的饮食文化中，从四大菜系到地方小吃，每一种菜肴背后都有一个与其相关的传说或历史，它们不仅仅是味蕾的享受，更是文化传承的见证。

另一方面，文化包容性体现在信息技术的进步、交通运输的发展以及国家、民族之间的政治、经济往来，为不同文化之间的相互了解和相互影响创造了条件。单一民族文化的发展不可避免地受到其他民族文化的影响，学习和借鉴其他民族文化中的优秀部分之后，其包容性变得越来越强。例如：人们在装修新房时会参考西方建筑文化中的欧式风格、极简风格；等等。

（三）文化的功能

生活在世界各国、各地区的人们按照自己独特的方式创造了属于自己的文化。文化一旦产生，就成为人们生活环境的有机组成部分，我们可称之为文化环境。文化的产生与发展不仅能满足个人和社会的各种需求，还时刻影响着生活在该环境中的每一个人，具有了特定的功能。文化的功能是多方面的，这主要体现在以下三个方面。

1. 记录与认知功能

文化一旦被创造出来，就有了记录的功能。文化记录了人类的生存和发展历程，蕴含着各民族的宝贵记忆。而文字作为书写文化的工具，是人类天才的创造，它进一步拓展了文化的记录功能。无论是中国的甲骨文还是古巴比伦的楔形文字，都记录了早期人类社会的生产与生活，帮助我们认识了远古先民的智慧与能力。而随后的造纸术、印刷术的普及以及其他科学技术的发展进步，如音像媒体、手机、摄像机等全都发挥着文化的记录功能。

一些物质文化成果也有记录功能。每一件具有一定历史的器物，都向人们讲述着当时的风土人情和它所经历过的历史沧桑。人们通过这些器物也能感知到当时人们的精神状态，了解到他们当时进行的实践活动，体会到他们当时的心情，了解他们的文化价值取向。例如：通过参观长城，人们能感受到设计者的才华、智慧以及建造者的艰辛劳动。

文字有了记录功能，也就激发了人们的认知功能。从认知论的角度分析，人类的文化史记录了人类的认知过程。从某种意义上来说，中国家喻户晓的四大名著等文学著作是古代人们生活的真实写照或深刻反映。人们通过记录文化来积累生活经验、创新思维方式、提高认知能力，进而更好地了解自身、了解社会、了解这个世界。与此同时，人类还利用文化不断发明、创造物质认知工具，从而提高自己对客观世界的认知能力和改进能力。例如：人类发明了天文望远镜，加深了自己对宇宙星系的认知；发明了显微镜，加深了自己对各种生物细胞、生物组织的认知。除此之外，人类还通过文化认识了不同国家、不同民族和不同阶级的历史和现状，进而推断、探索它们的未来。

2. 传播与传承功能

文化的传播与传承功能是由文化的记录与认知功能决定的。文化一旦被记录，就有很大的可能性被后人发现并传播，其中部分文化由于具有一定的特殊性，还会被教授并传承下来。传播与传承的区别：传播是文化由内向外的横向扩散，发生在相同或不同社会群体之间；传承是指文化由一代人向下一代人的纵向传递，一般发生在固定社会群体之中。文化的传播和传承并不冲突，可能在同时发生。

当代的流行歌曲，每年更新换代的服饰产品，以及如今的聊天软件、表情包、创新语言表达方式的普及与推广，依靠的就是文化的传播功能。文字和语言既是文化现象又是文化的载体，具有强大的传播功能和传承功能。语言能传播，所以人们能习得除自己母语外的其他语种，并通过语言的学习了解目的语国家的文化，这还促进了不同民族间文化的交流。文字能传承，人们才能通过史书上的记载了解过去发生的事情。

除了语言和文字，文化实物也具有传播功能。例如：张骞等人奉命出使西域及其周边国家，竟意外开辟了丝绸之路，打破了中西隔绝的状态，使中国的瓷器和丝织品出口到其他国家，这些工艺精湛的产品向外国人传播了中国的特色文化；唐朝文成公主入藏，为当地带去了唐朝先进的种植、纺织和医药技术，促进了少数民族文化的发展，同时也把藏族的文化传入了汉族。随着现代互联网技术和信息技术的发展，文化的传播功能愈加强大，电话、手机、笔记本电脑拉近了世界各地人们之间的距离。世界任何一个角落发生的事情，都可能通过现代媒体的记录与上传被世界各国的人们迅速了解。

3.教化与凝聚功能

人是社会性、集体性动物，人生活在社会之中，人的生存和发展都离不开社会这个大环境。正是因为人对社会的依赖性，才使文化具有教化和凝聚功能。其中，文化的教化功能主要通过文化模式的濡化和社会价值观的宣扬来实现。人们生活的社会环境采用的是什么样的文化模式、宣传的是什么样的价值观，人们就会在潜移默化中受到这种模式和价值观的洗礼，进而内化自己的思想观念，努力把自己塑造成符合当下环境发展的人。

具体分析，文化对个体的教化是通过耳濡目染、潜移默化、春风化雨的方式实现的，这种教化行为的主要目的是希望每个人都能按照社会奉行的价值理念和行为标准要求自己，从而弱化个体的动物性特征，并将其培养成为社会发展需要的人才。每个人从出生开始就生活在特定的环境中，父母是他们的第一任教师，教导他们使用语言、认识世界、与他人相处；进入校园之后，他们在教师的带领下学习科学知识、生活技能和道德规范等；毕业之后进入社会，社会上的各种规章制度、工作挑战、生活压力引导他们适应社会、适应生活。因此，个体在社会参与和社会适应过程中，会随着身处文化环境的变化，使自身的思想观念、行为方式、审美情趣等受到不同程度的影响，进而发生变化。

文化的教化功能导致文化具备凝聚的功能和力量。这主要体现在文化的教化功能能使生活在同一文化环境或模式中的社会群体形成相同的思维方式、思想信念、价值观念和行为标准，从而紧密地联系在一起，凝聚成较大的认同力量和文化内核，不会被外来文化轻易影响或覆盖。

三、语言与文化的关系

（一）语言对于文化的作用

1. 语言是文化的载体

文化的载体不止一种，包括语言、视频、实物、文学、艺术、建筑等。文化与其载体之间是相互渗透、相互依存的关系。语言作为文化的载体之一，对文化的产生、存在、发展、传播和传承起到了重要作用。语言产生之后，才有了文化的产生和发展，没有语言的文化是不存在的。语言见证并记录了文化的演变，它是研究民族文化发展的重要途径。通过研究语言，人们可以了解一个国家或民族意识形态的演变、思想观念的继承以及思维模式的运转。之所以说语言是文化重要的载体，主要有以下几点原因。

（1）语言能够体现语言创造者和语言使用者的知识水平和文化水平。人类习惯利用语言文字记载本民族的历史、经验和其他文化，并传给后代。

（2）语言能够体现语言使用者所处社会的生产力水平、生产关系、社会关系和阶级关系。

（3）语言能够体现语言使用者的生活方式和行为准则。

（4）语言是人类思维的载体。语言是人类自身的一个重要组成部分，它有机地融入人类的思维变化之中。

（5）语言能够体现语言使用者的思维模式和思维内容。

（6）语言能够体现语言使用者的情感模式和情感指向。

2. 语言是文化的风向标

语言是文化的风向标主要体现在语言在一定程度上引导着文化。不同的文化面对相同或不同的客观现实，会创造出不同的语言，语言可以引导人们去认识、去了解其他文化接触和改造外部世界的方式。人类的文化身份和使用的语言之间不是一一对应、固定不变的，但语言却能敏锐地捕捉到语言使用者与所处社会之间的关系。在同一时期不同社会群体之间，语言的表达和语言的质量是有差别的；在不同历史时期不同社会群体之间，语言的表达更是体现出不同的要求和状态。

例如：早期人类的语言没有现代人的语言这么丰富、精彩、有逻辑、成系统；生活在偏远地区的土著人的语言，也没有生活在信息资源丰富的城市地区的现代人的语言那么深厚、有内涵。语言对于不同民族、不同文化之间的沟通和理解具有不可替代的作用，因此人们要想了解一种语言，就必须了解语言背后隐藏的文化。

（二）文化对于语言的作用

1. 文化为语言的发展提供温床

文化是语言产生和发展的温床，没有文化，语言就不会存在，就失去了发展的条件。语言与文化一起体现了民族的思维方式、思想信念和行为准则。

随着时代的发展和社会的进步，人们的生产、生活方式跟以前相比发生了巨大的变化，今天的世界是一个日新月异、充满变化的世界。与此相对应，服务于社会群体的语言也发生了一定的变化。这种变化体现在语言的表达上，如有的人说话喜欢中英文混用："他这个人真的很nice。"

有的人因为没有完全掌握英语的思维习惯和使用方法，在与外国人交谈的过程中会使用中式英语："The price is very suitable."

语言的变化不仅体现在表达方式上，也体现在各个领域因为新事物的产生而出现的新词语上，如微信、抖音、快手等手机软件。还有一些网络上流行的表达方式，有些是将原来的一些表达缩写创造出新的词语，有些是组合几个词语的含义创造出新的词语，如"不明觉厉""给力"等。

2. 文化制约语言的运用

语言的选择和运用受到语境的影响，语境是语言生成和理解的先决条件，而文化又是语境主要的组成部分，所以说语言的运用受到文化因素的制约。不同时期的文化不断地将当时的文化精髓注入语言之中，因而文化是促进语言更新换代的推动力，是语言表现的基本内容，文化的发展与变化制约着语言的选择和运用。例如："网红"这一词语，在互联网初期，"网红"原指在网络上因才华、特色或其他原因而受到广大网民喜欢和关注的人，他们可能是才华横溢的艺术家、有趣的博客作者或其他类型的内容创作者。随着社交媒体和短视频平台的兴起，如今的"网红"往往与商业营销、广告等有更为紧密的关系。这些"网红"可能专门为品牌代言，或者通过与品牌合作来推广自己的形象。"网红"与"网红经济""网红效应"等概念关联，这意味着这些网络红人不仅仅是因为才华或创作内容受到关注，也可能是因为他们的商业价值和流量吸引力受到关注。随着时间的推移，"网红"一词开始带有贬义，用来指代那些过度追求流量、缺乏真实才华或者过于商业化的人。

除此之外，文化对语言运用的制约还体现在文化在一定程度上制约着语言使用者的思维方式和表达方式。例如：中国古代文明的发源地之一，位于黄河中下游的中原地区当时以农耕为主要生产方式，而"牛"这一动物是生产活动中的重要工具，因此"牛"与人们的日常生活关系密切。这种关系体现在语言中就是汉语中产生了很多带"牛"字以及与"牛"的表达相关的词语，如牛脾气、牛角尖、九牛一毛、牛气冲天等。而起源于游牧民族的部分西方国家，因"马"是西方人生活中十分重要的动物，在这种文化的影响下，英语中产生了与"马"相关的一系列短语表达，如 to talk horse（吹牛）、a willing horse（工作认真的人）、to work like a horse（像老黄牛一样拼命干活）、as strong as a horse（强壮如牛）、come off the high horse（放下架子）、to buy a white horse（浪费钱财）等。

综上所述，语言与文化两者之间存在辩证统一的关系，即在密不可分的同时相互成就、相辅相成。文化需要用语言的形式来展现，而语言则需以文化为载体进行具体呈现。不同国家和地区的文化有着较大差异，交际者需要通过学习语言的形式，用语言将文化差异表达出来。社会环境和语言环境对交际者学习语言、继承文化具有较大影响，文化因素可以影响交际者的个人思想和具体行为，而语言可以展现交际者对不同文化的态度，因而语言学习应以语音、语法知识和词汇内容为基础，从背景文化、价值观念和信仰信念等方面对不同文化内容进行深入学习，通过掌握语言和文化知识来学习交际对象的思想，从文化的角度出发深入体会其行为习惯和具体交际方式。

第二节 语言对比与英语教学

从二语习得的角度出发分析英语学习可以发现，当中国学习者学习英语时，母语迁移是一个很普遍的现象，它从两个方面影响英语学习：正迁移和负迁移。正迁移是指母语中存在有利于英语学习的因素，负迁移则常在目的语与母语出现差异时产生。英语教师要想利用母语的正迁移作用促进英语教学活动的开展，同时减轻母语负迁移作用对学习者学习英语的影响，就要通过语言对比的方法了解两种语言之间的异同，尤其是不同之处，然后将这些内容作为设计教学活动、选择教学方法的参考。

一、英汉语音对比与英语教学

（一）英汉音节对比与英语教学

汉语属于汉藏语系，英语属于印欧语系，由于分属的语言体系不同，两种语言在语音上体现出不同的特点。语音的音节是语音中最小的结构，是不同音素排列所组成的单位。从音韵的角度出发分析，英语属于"元辅音体系"，汉语则属于"调韵声体系"。

1. 汉语音节特点

汉语的发音单位是字，一个字一个音节，发音干脆利落。汉语音节的构成特点如下。

（1）大部分汉语音节由"声母＋韵母"的方式拼合而成，只有少部分汉语音节由纯韵母音素构成，如哎、饿、鸥等。

（2）根据韵母数量的不同可以将汉语中的韵母分为单韵母与复韵母；根据发音时主元音的位置，复韵母又可分为前响复韵母、中响复韵母、后响复韵母三种。

（3）汉语中的韵母，不管其标注方式需要几个韵母字母，最终发出来的都是一个音，如 e、i、o、ei、ui、ou 等。

（4）从音素角度分析，汉语音节中可以没有辅音，但不能没有元音，辅音的位置一般位于音节的开头或者末尾，没有复辅音。

在汉语语音中，虽然有些韵母音素的标注方式中含有声母字母，如 "an" 中含有 "n"，但发出来的音素只是一个母音。也就是说，汉语在每个字的尾部都不会有类似英语辅音的音素，汉语由于每个字的尾部都是韵母音素，所以相邻的汉字在发音时不能拼合连读。这也是汉字无法演变为拼音文字的语音学和音位学原因。

2. 英语音节特点

在英语中，词是可以独立存在的最小语义单位，英语中的词由一个或多个字母拼写而成。就其发音来说，大部分英语单词是一词多音，也就是包含两个以上的音，还有一小部分只有单元音音素的词是一个音，如 a、or 等。英语中把一个元音音素或者元音组合看作一个音节，根据其音素构成特点，可将其划分为开音节、闭音节等。从音位角度分析，英语单词的音节又可分为以下几种类型：单元音或双元音、辅音（组合)＋元音、元音＋辅音（组合）、辅音（组合）＋元音＋辅音（组合）。

英语中存在的大量双音节词和多音节词的发音就是由上述这些基本

音节互相交叉组合形成的。然而，即使是单音节词，只要其由辅音结尾，它发出来的就至少是两个音，如 pop、part、sob、dad 等。英语单词尾部的辅音音素能自然地与其后续单词开头的元音音素拼合在一起，因此英语单词在很多情况下可以前后连读，这也是将英语称为拼音文字的语音学和音位学的理论依据。

3.英汉音节对比影响下的英语教学

根据以上对比分析可知，英汉语音中都有元音和辅音，有些音素的发音相似，但大部分音素的发音是不同的；有些音在汉语中没有，在英语中才有，如双元音。英语双元音的发音方法是从前音向后音滑动，前长后短，前重后轻，整个过程舌位变化大，动程也比较宽。对于中国的学习者来说，他们在学习英语双元音的发音时，通常比较容易受汉语复韵母 ai、ao、ei、ou 的影响，第二个元音发得会比较响亮，在这一过程中，两种元音的发音部位和发音方法是有差别的。此外，英语音节中还有一些汉语音节中没有的音，如齿音 [θ]、[ð]，中国学习者经常把 [θ] 发成 [s] 或 [f]，把 [ð] 发成 [d] 或 [z]。相邻的汉语音节在发音时不能拼合连读，但英语音节在很多情况下需要连读才能体现发音的标准和地道，而中国学习者在此方面略显能力不足。

因此，英语教师在开展语音教学的过程中首先可以采用显性教学法，如展示发音部位剖面图，让学生直观地对比英语音素与汉语相似音素的发音部位的差异；其次，英语教师可以进行单音训练或使用最小对立体的对比训练，尽量帮助学生纠正错误的发音，使学生做到发音清晰、标准、流畅；最后，英语教师可以有针对性地找一些阅读材料和听力材料，采用听读结合的办法训练学生的英语连读能力。

（二）英汉声调、语调对比与英语教学

1.汉语声调特点

汉语属于声调语言，其声调变化通过四声表示，即阴平、阳平、上声、去声，也可称为一声、二声、三声、四声，其中前两声是平声，后两声是仄声。通常情况下，汉语是一字一调，但部分汉字因为一字多义而导致一字多调。例如："数"字，用作动词计算时，读"shǔ"，如"数清楚"；用作数词时，义同"几"，读"shù"，如"数千元"；用作副词时，义同"屡次"，读"shuò"，如司马迁的《史记·陈涉世家第十八》中记载的"扶苏以数谏故，上使外将兵"。

从字词、语句的发音规律来看，汉语采用的是"胸律动"模式，也就是根据音节长度的规律，以音节的拍节吐字发音。汉语语音的轻重不体现在每个单字中，而主要体现在句子层面，一般一句话中想要突出强调的信息会重读，如"哪辆自行车是你的？"在这句话中，"哪"字表示疑问，需要重读，而句中尤其是句尾的助词、叹词等一般进行轻读处理。例如：教师问学生"听明白了吗？"句尾的"了"和"吗"均为轻读音。此外，汉语中一些由叠音词构成的称呼语，如"爸爸""妈妈""爷爷""奶奶"等，一般第二个字要轻读。

2.英语语调特点

英语属于语调语言，其音高起伏而形成的旋律模式与短语、句子的发音是紧密结合的。在英语中，语调是否使用正确会直接影响人们的交际效果，因为语调不仅可以表示说话人的情感和态度，还可以用来指示语篇关系，通常一个新的话题以高调开始，以低调结束。

英语中的语调分为五种，即平调、升调、降调、升降调和降升调。从发音的本质上来说，平调与汉语中的阴平非常相似，平调的作用在于体现说话人平铺直叙、客观公允的说话态度；升调与汉语中的阳平较为相似，单独使用表示疑问、列举和鼓励；降调与汉语中的去声发音基本一致，表示肯定和话轮结束，降调又可分为高降调和低降调，同一句话用低降调和高降调说会有不同的效果，如"Goodbye."用低降调时表示礼貌的告辞，用高降调时表示不欢而散；升调和降调结合使用表示的含义更丰富，如升降调表示惊讶、感叹，降升调表示不确定、犹豫。

从字词、语句的发音节律分析，英语发音属于"重音律动"模式，该模式的特点是遵循句子重音复现的规律，以重音为节拍吐字发音。因此，虽然英语发音没有平仄之分，但在单词层面和句子层面却有轻重音之分。例如：在句子层面，每一个句子都有一处或多处句子重音，如"John works very hard in the company."一句的句子重音就分别落在"John""works""hard"和"company"上，"very"若不强调通常不重读，其他几个词是非重读音节，一般一带而过。

3.英汉声调、语调对比影响下的英语教学

通过以上内容的对比分析发现，英语单词不像汉语字词一样有声调的差别，因此英语教师在教学中不用强调单个词语的声调变化；而语调在英语表达中具有重要作用，因此英语教师要加强语调教学。语调教学的开展要注重综合训练，避免单一化、孤立化倾向。首先，英语教师要向学生讲授英语语调的相关理论知识，帮助学生了解语调的基本类型和语用功能；其次，英语教师可以通过真人示范、播放音频或视频的形式引导学生掌握基本的语调发音方法，并使其加强语调组合模式的训练；最后，英语教师可以将语调练习和句型学习结合起来进行教学，尤其应注意升调、降调、升降调和降升调在不同句型中的应用。例如：

（1）陈述句——降调：I am going to the supermarket.

（2）一般疑问句——升调：Are there any flowers in the tree?

回答——降调：Yes, there are./No, there aren't.

（3）特殊疑问句——降调：Who are you?

（4）反义疑问句——可升可降，比较肯定、表达自己看法用降调，不肯定、表示询问、征求意见用升调。

He doesn't know her, does he?（可用升调，不太肯定他是不是认识她。）

They are coming, aren't they?（可用降调，认为他们很可能是会来的。）

（5）选择疑问句——前升后降：Are we going by bike, bus or taxi?（bike、bus 升，taxi 降）。

（6）感叹句——降调：What a beautiful girl!

（7）祈使句——可升可降。

表示祈求、请求、语气委婉用升调：Sit down, please.

表示命令、不客气、语气强硬用降调：Don't take any chance.

将语调教学和跨文化交际手段教学结合起来，因为同一话语用不同的语调表达可以表现不同的交际含义。这就要求英语教师在选择语调教学材料时应注重材料的情境性、真实性和交际性。

（三）英汉节奏对比与英语教学

1.汉语节奏特点

对于汉语而言，汉语的节奏以各种声调的搭配来体现，虽然一字一音的特点使其不能连读，但汉语十分注重由此构成的音节表达的节拍性。以音节为节拍的汉语，一般每个字（音节）会读得较强，念得十分清楚、响亮，因此体现不出单词的音强。在汉语中，人们能很轻松地做到使用相同数目的字词来保持上下句在形式上的对称，从而产生了汉语独有的诗词歌赋等表达方式。

以汉语诗词歌赋为例，汉语诗词歌赋不同于其他语言诗歌的特点是，汉语诗歌能做到控制发声的时间长短、保持字数的完全一致，从而体现出汉字形式上高度的对称美。除此之外，在汉语诗歌中想要保持一韵到底并不是一件困难的事情，所以汉语诗歌还体现出较强的韵律美。

2.英语节奏特点

对于英语来说，英语表达的节奏主要受重音的影响，即说话人的语速、重音会影响整句话的含义。换句话说，英语发音属于"重音律动"模式，该模式的特点是遵循句子重音复现的规律，以重音为节拍吐字发音，带动句子的节奏。具体分析，英语节奏的特点主要体现在以下几个方面。

（1）句子中的重音大多数是实义词。

（2）句子中的重音大多具有声调高、速度慢、表述清晰的特点。

（3）在句子层面，每一个句子都有一处或多处句子重音。

作为一种典型的拼音文字，英语的一大优势在于其可以连读，所以在语言的表达和应用中，英语的流畅程度和音乐感是很强的。但与汉语单词发音相比，大部分英语单词是一词多音，而且单词形式有长有短，这就造成英语在语言形式上的表现力要差一些，这也是英语诗歌的押韵功能不如汉语的原因之一。

3.英汉节奏对比影响下的英语教学

通过英汉节奏的对比，英语教师可以总结出英汉节奏差异对中国学习者学习英语造成的干扰。这主要可分为两方面。

一方面，汉语音节具有强音型的特点。由于汉语以音节为节奏单位，除了一些特有的轻声词发音较弱外，其他音节都念得十分响亮，而特别加重的音节就是句子的重音。部分中国学习者在朗读英语时受汉语发音节奏的影响，在发音时不分主次，每个音节不管是不是应该重读都发强音，这样读出来的英语句子听上去单调、呆板、没有节奏感。

另一方面，英语句子的单词越多，学习者读这个句子花费的时间就越长。这主要是因为中国学习者在朗读英语句子时不以重音计时，不会采用连读的方法，而以音节计时，每个音节都清晰地读出来，这就使重音数目相同的两句话读出来所用的时间不同。

基于以上分析，英语教师可以有针对性地开展英语节奏教学，帮助学生减轻英汉节奏差异对学习英语造成的干扰。在开展英语节奏教学的过程中，英语教师应遵循循序渐进的教学原则，将发音、节奏和文章阅读融合在一起进行节奏训练。具体有以下几种方法。

第一，扩展词组法。由于英语发音属于重音律动模式，要求学生掌握重音和重音间的时长，因此在练习过程中，引导学生感受重音变化和句子节奏十分重要。而词组扩展法恰好具有这个作用。

第二，重音调整法。英语语句中的轻重音节没有音乐中的强弱拍那么严格，有时会出现几个重音节相连的情况，这就破坏了英语重轻相间的节奏特点。在遇到这种情况时，英语教师可以引导学生调整句子的重音，使之重轻相间，读起来更加自然流畅、富有节奏感。

第三，诗歌朗诵法。英文诗歌的文体形式比较适合学生练习英语节奏。英语诗歌主要有叙事诗、抒情诗、戏剧诗三大种类，无论哪一类都有节奏。音步是英语诗行中的节奏单位，每个音步中都有一个重读音节，同时诗歌的押韵使诗歌比其他语言材料更适合练习发音节奏。

二、英汉词汇对比与英语教学

（一）英汉词义对比与英语教学

对比分析英语和汉语的词义特征可以发现，英语词语的含义范围较广，要想了解一个词具体的含义通常要靠上下文语境给出的提示。而汉语的词义比较严谨、凝滞，词语含义范围较窄，要了解一个词具体的含义不用过分依赖上下文语境，加之受造字法的影响，汉字形体对词语含义的制约很大。总而言之，汉语词语也有一词多义的现象，但其发展程度远不及英语。具体分析，英语和汉语的词义对应方式主要分为以下四种。

1.完全对应

这主要是一些已有通用译名的专有名词、术语和日常生活中的一些事物的名称，如手机（mobile phone）、电视（television）、太阳（sun）、月亮（moon）等。

2.部分对应

汉语和英语中还有一部分词语的词义是部分对应的关系。这个问题类似于两种语言中词语意义宽窄不同的问题：英语词范围广，与之对应的汉语词范围小；汉语词范围广，而相应的英语词范围窄。

（1）英语词范围宽，如 river（江、河）、net（网、帐子、网络）。

（2）汉语词范围宽，如叫（call、cry、shout）、拿（take、bring、fetch）。

3. 交叉对应

汉语和英语中都存在一词多义的现象。其中，英语多义词的多重意义分别与汉语中不同的词或者词组产生对应，这就是交叉对应。汉语中要确定汉语中多义词的意义，需要综合考虑上下文的语境和句子想表达的含义两方面的因素。例如：英语中的 read（read newspaper，看报纸）、watch（watch TV，看电视）、see（see a film，看电影）都可以翻译为汉语中的"看"。但是，read 除了"看"之外，还能翻译为"读"，如 read aloud（大声读）；"see"除了"看"之外，还能翻译为"明白"，如 see your point（明白你的意思）。

4. 无对应词

英语和汉语中存在无对应词主要是受语言缺项和文化缺项的影响。汉语中的名词除了哲学层面的，其他的都很具体，而英语从形容词和动词转化而来的名词则很抽象，在汉语里没有和其对应的。对于这类词语的翻译，主要采用音译和解释翻译两种方法。例如：hot bed（两个对班倒的工人同睡一张床，一个白天睡，一个晚上睡，因而床总是热的）、chocolate（巧克力）、Santa Claus（圣诞老人）。

英语教师在讲授英语词语含义的教学过程中，应注意英汉词语的词义对应关系对学生的影响。对于词义关系完全对应的词语，英语教师不必花费太多时间讲授其含义或者用法；对于词义部分对应或交叉对应的词语，英语教师要注意引导学生认识词义的宽窄概念，使其了解出现这种现象的原因，再解释词语的宽窄含义和各自的用法；对于在汉语中没有对应词的英语词语，英语教师应特别强调词语的独特含义及其产生的背景。

（二）英汉词类对比与英语教学

从词汇分类角度分析，英语和汉语基本一致。两种语言的主要词类分为名词（noun）、动词（verb）、形容词（adjective）、代词（pronoun）、副词（adverb）、介词（preposition）、连词（conjunction）、感叹词（interjection）等。但是，英语和汉语也存在词汇分类不对应的现象。例如：

汉语中有量词个、只、次、台等，英语中没有，英语多用名词代替汉语中量词的功能，这种名词在英语中叫作"表量词"，如 inch、yard、mile、piece 等。

汉语中有语气助词了、吗、呢、啦、呀、吧等，英语中没有。

英语中有冠词 a、an、the，汉语中没有。

英语中有关系代词和关系副词 who、what、when、where 等，汉语中没有。

通过以上对比，英语教师可以让学生更清楚地认识到汉语和英语两种语言中存在的词类空缺现象，进而使学生体会两种语言各自的特征。词类空缺是不同语言文化中常见的现象，词类空缺并不代表不能翻译；只要词语有意义，就能用语言表达，这也是语际翻译的工作原理。从这一角度分析，词类空缺知识的教学与英语翻译教学并不冲突，英语教师有责任教给学生正确的词类翻译方法。英汉不同词类的基本翻译方法如下所示。

1. 英语冠词的翻译

（1）当不定冠词 a、an 表示数量的概念时，和 one 同义，可翻译为"一"。例如：a book（一本书）、a piece of paper（一张纸）、a crowd of people（一群人）、a period of time（一段时间）等。

（2）当定冠词泛指种类时翻译为汉语，通常不用译出。例如：

原文：The dinosaurs are extinct.

译文：恐龙已经灭绝了。

（3）当定冠词 the 表特指时含有加强语义，与 this、that 意思相同，即对话双方都明白指的是谁或什么，此时可翻译为"最"或"恰恰"。例如：

原文 1：This is the present we want.

译文 1：这是我们最想要的礼物。

原文 2：Max is the man for the job.

译文 2：马克斯是最适合做这份工作的人。

2. 英语关系代词和关系副词的翻译

（1）用来指称人或者物的关系代词可以翻译为"他（们）""她（们）"或者"它们"。例如：

原文：Is he the man who wants to see you?

译文：是他想见你吗？

（2）关系副词"where、when"可翻译为汉语中的介词短语"在某地、在某时"。例如：

原文：He is always by our side when we need help.

译文：在我们需要帮助的时候，他总是陪在我们身边。

3. 汉语语气助词的翻译

英语可以借助语音、语调、标点符号、特殊词语或者调整词序的方法来翻译汉语语气助词。例如：

原文："哦，得了吧。"我怀疑地说。

译文："Oh, come on"，I said dubiously.

4. 汉语量词的翻译

汉语中的量词常和数词结合成数量词，而英语中没有量词，所以汉语中的量词在翻译成英语时一般只翻译数词，不翻译量词。例如：

原文：我们需要五名工人。

译文：We need five workers.

汉语中的量词还有一种翻译方法，即翻译成一些表示量的概念的名词。这种特殊量词在结构上通常采用"名词 + of + 名词"的形式。例如：一阵风（a blast of wind）、一则消息（an item of news）、一线希望（a flash of hope）等。

三、英汉句法对比与英语教学

（一）英汉句型对比与英语教学

英语的基本句型有五种，即主谓句型、主谓宾句型、主系表句型、主谓＋双宾语句型、主谓宾＋宾语补语句型。其他各种类型的长短句，如组合句、倒装句、变式句等都是这几种基本句型演变而来的。与英语句型种类相比，汉语的句型种类更加丰富，按照表意功能与表达方式可分为话题句、祈使句、关系句、存现句等。

在英语句型教学中，培养学习者对句型的基本认知是主要的教学目标之一。英语句型的认知是一个长期、复杂的过程，也是一个不断递进和循环往复的过程。由于句型不仅是语言学习的载体，更体现着语言文化背后的思维方式，因此对于英语学习者来说，汉语句型的学习经验对英语句型的认知和理解会产生较大的影响。英语教师要利用汉语句型学习的正迁移作用帮助学生理解英语基本句型结构。例如：

汉语：今天是星期五。

英语：Today is Friday.

同时，在其他一些类型的英语句型教学中，英语教师要通过对比帮助学生减少汉语的干扰，提高其英语句型意识，培养其英语语言思维。例如：通过对比帮助学生认识英汉句型中主语的差异。

汉语：作业（受事主语）写完了。

英语：The homework has been finished.

在上述例子中，"作业"和"homework"都是句子的主语，且都表示受事；但汉语句子中的"作业"在有上下文语境支持的情况下可以省略，不影响读者理解，而英语中的"the homework"则不能省略，只能用代词代替。这说明汉语句子中的主语只要符合语法规范且不影响句子理解则既可以出现，也可以不出现；而在英语句子中，主语是肯定不能缺失的，并且英语句子有严谨的主谓一致的规定，通常由名词性短语或动词性短语构成。

（二）英汉句式对比与英语教学

英语和汉语在句式上的差异主要表现为英语多长句，汉语多短句。这种差异产生的主要原因是，英语是形合语言，注重结构的完整，因此只要结构允许，不同的意思也可以放在一个比较长的句子中论述；而汉语属于义合语言，注重语义的表达，因此不同的含义要放在不同的句子中表达出来。例如：

汉语：人们对历史研究方法产生了兴趣，这与其说是因为外部对历史作为一门知识学科的有效性提出了挑战，还不如说是因为历史学家内部发生了争吵。

英语：Interest in historical methods had arisen less through external challenge to the validity of history as an intellectual discipline and more from internal quarrels among historians themselves.

这句话是一个非常典型的英语长句。整个句子由 27 个单词组成，中间没有使用一个标点符号，全靠语法结构"less through...and more..."传达含义，构成一个复杂的状语修饰动词 arisen。而在汉语中，"产生兴趣"这一内容是用一个独立的句子表达出来的。

根据以上分析可知，汉语句式结构比较松散，多用短语和并列结构，也没有后置的定语从句，因此比较容易找到句子的主干结构，厘清不同短句之间的关系；而英语句式中的长句结构复杂，除了主干结构以外，还包括由动名词短语、不定式短语等短语构成的修饰成分，这加大了学习的难度，也造成了学习者的理解困难。对此，英语教师要把握英语长句的特点，找到呈现、分解长难句的关键点，进而帮助学生明白句子各成分的功能，提高他们对句子的理解和应用能力。

（三）英汉时态对比与英语教学

英汉句子的时态差异也是这两种语言表达的明显差异之一。汉语句子多使用主动语态，虽然汉语中也有像"被""由"之类的词表示某个动作的发生是被动的，但这类表达还是少数；而在英语句子中，被动语态是很常见的，因此很多汉语中的主动表达到英语中就变成了被动。如下所示：

必须指出……	It must be pointed out that...
必须承认……	It must be admitted that...
人们认为……	It is imagined that...
不可否认……	It cannot be denied that...
由此可知……	It will be seen from this that...
必须认识到……	It should be realized that...
人们（总是）强调……	It is（always）stressed that...

根据以上示例，英语中被动语态的使用是比较频繁的。但在英语教学中，英语教师要引导学生正确使用被动语态，英语中并不是所有的内容都适合用被动语态来描述。主动还是被动是要结合上下文语境决定的。例如：在描述前人的研究成果时，多使用被动语态，因为需要阐述事物的客观性；而在进行自我介绍时，多使用主动语态，这是为了提升陈述者的自我意识。

第三节　文化差异与英语教学

一、文化差异概述

不同的国家和民族有着不同的语言、观念文化、物质文化、精神文化等，这就是文化差异。在不同国家、不同民族的交往过程中，文化差异是必然存在且不可改变的。文化差异对于不同文化的存在、发展都产生着重要的影响。文化差异的存在使文化具有多样性的特征，如果没有文化差异，那么文化也不会具有多元化的显著特征，世界文化大家园也不会呈现出百花齐放的发展态势。当然，文化差异的存在也对其他领域产生了影响，尤其是教育行业中的语言教学。下面，本节就来分析英语教学中的文化差异以及文化差异对英语教学的影响。

二、英语教学中的文化差异

（一）中西观念文化差异

1. 世界观的差异

世界观是人们对包含社会、自然界与人的精神世界在内的整个世界的总的观点与看法，其代表了不同文化最为根本的思想基础。世界观从多个层面影响着文化成员的思想与行为，对经济与社会的发展也有深刻的影响。每一种文化都有自己独特的认知和理解世界的方式，因而形成了不同的世界观。具体分析，世界观的文化差异主要体现在不同文化对人与自然关系的认知上。

（1）中国人对人与自然关系的认知。一方面，受地理条件和气候因素的影响，中国人在很久之前就过上了安定的农耕生活，大自然提供的优越的生存和居住条件使人们逐步过上了安居乐业、丰衣足食的生活，人们不用过颠沛流离、食不果腹的生活。大自然给了人们赖以生存的物质基础，所以人们真心地感谢自然、崇拜自然。另一方面，中国人认为，人类在大自然面前是渺小的，人类无力抗拒大自然带来的气候灾害、地质灾害等自然灾害，并且人们不理解为什么会发生这些自然灾害，这就使中国人对大自然的神秘与强大产生了敬畏之心。因此，中国人追求人与社会之间的"可持续发展"，这就是中国文化延续至今的标志与特征。

（2）西方人对人与自然关系的认知。对比古代中国人的生产和生活，古代西方人的生存和发展更为艰险，他们曾在很长一段时间内以游牧生活为主，因此居无定所，受气候变化、自然灾害等自然界客观因素的影响更大，这种游牧生活的动荡性和艰险性使他们对人与自然关系的认知产生了两种观点：一种是顺从，一种是征服。所谓顺从，即他们认为人在大自然面前无能为力，只能等待大自然的恩赐；所谓征服，即他们认为人是大自然的主人，人类要以自我意识为中心，征服自然、战胜自然、让自然为我所用。

2. 人生观的差异

人生观是指人们对人类生存的价值与意义的根本态度与看法。人生观受价值观的影响和支配，除此之外还受到历史、传统等因素的制约。

（1）中国人的人生观。中国有一句古话叫作"万变不离其宗"，意思是中国人求稳，统一和稳定是中国人追求的理想生活，是社会不断进步和发展的保证；这种稳定也体现在家庭的稳定、社会关系的稳定和社会定位的稳定上。

（2）西方人的人生观。对比中国人的人生观，西方人认为人与动物最主要的区别是人需要不断审视自己的生存与生命状况，这是理性的表现，受这一思想的影响，西方人追求变化，强调打破常规，不断进行创新。

3. 价值观的差异

价值观是基于社会、家庭的影响产生的，且经济地位的变化也会引起价值观的变化。中国和西方国家所持有的价值观明显是不同的，下面以两种文化对集体主义和个人主义的态度为例进行分析。

（1）中国人的集体主义。中国人通过观察日月交替、斗转星移等自然现象产生了"万物一体""天人合一"的思想意识。这种意识也体现在个人与集体的关系上。中国人集体意识强，强调集体利益高于个人利益，当集体利益与个人利益发生冲突时，个人利益往往会被要求与集体利益保持一致，以此追求社会发展的和谐统一。虽然这种情况在当代社会有所改变，但是中国人仍然十分注重集体的认同感和归属感。中国人还崇尚谦逊低调的处世风格，追求随遇而安、知足常乐，不推崇争强好胜、骄傲自满的个性特征。

（2）西方人的个人主义。西方的大部分哲学倾向和流派强调"主客二分"，即把主体和客体对立起来。因此，西方的主流价值观一直强调个人奋斗的价值，对于个性、自由十分推崇，注重自我挑战、自我超越。需要指出的是，个人主义并不意味着个人利益在任何时候都是最重要的，追求个人利益也需要在法定的范围内，因此个人主义在一定意义上也是一种积极的、值得肯定的价值观。西方人以批判的眼光看待已有的知识，从而不断获取新的认知。他们的独立精神以及对个人存在价值的尊重使他们逐渐形成了标新立异、追求个性的开拓精神，这也是他们能不断推陈出新，从而保持旺盛生命力的原因。不得不说，一定程度的个人主义有助于个体的进取与创新，但是如果过分强调个人主义，营造过度竞争的氛围，也会影响整个社会的亲和力。

（二）中西思维文化差异

翻译家傅雷曾说过："中西方的思想方式之间存在分歧，我国人重综合、重归纳、重暗示、重含蓄，西方人重分析，细微曲折，挖掘唯恐不尽，描写唯恐不周。"[1] 这句话概括性地介绍了中西方思维模式的差异，下面针对其中的具体差异做详细论述。

1. 形象思维与抽象思维

形象思维是文学艺术创作过程中常用的思维方式，其依靠形象反映生活，运用典型化和想象的方式表达作者的思想感情。逻辑思维则是通过概念、判断、推理反映现实的思维方式，它以抽象为特征，能反映事物的本质特征。

中国人的形象思维十分发达，这一点通过中国的汉字和古典文学的成果就能看出来。汉字是一种象形文字，中国的书法艺术就体现了字画

---

① 傅雷．傅雷文集：文艺卷 [M]．北京：当代世界出版社，2006：191-195．

合一、感性生动的特点；中国的古典文学种类繁多，有诗歌、散文、戏曲、小说等，在这丰富多彩的文学瑰宝之中，形象生动的比喻、联想，感性且诗意的描写手法数不胜数。

西方人与中国人恰恰相反，他们的逻辑思维格外严谨。这一点可以从西方文学著作《荷马史诗》的题材处理和谋篇布局中窥见一斑。《荷马史诗》由《伊利亚特》和《奥赛罗》两部英雄史诗构成，两部英雄史诗都采取了戏剧式的集中、概括和浓缩手法，把出现的众多人物、复杂的情节和丰富精彩的画面浓缩成了一个严谨的整体，从而充分展示了命运的冲突和人物的性格。

2. 整体思维与分析思维

在对思维的基本智力操作上，中国人倾向于对整体的把控和综合思维，西方人则倾向于对部分的分析思维。

中国人在看待事物时，会把事物当成一个整体来看待，充分考虑这个事物与其他事物之间的关联，并运用以往对待其他事物的经验，进行类比式的判断和猜测。例如：中国的中医认为人体是一个有机联系的整体，身体的各个器官部分是相互依存、相互影响的，眼睛看不清楚有可能是肝功能有问题。这种从宏观上把握事物的全貌的方法，有时会得出意想不到的结果。

而对于西方人来说，要想弄清楚某一事物，就要从内部结构入手，对事物进行分割和拆分。因此，在西方人的思维模式中充满了分析的特征。例如：在希腊晚期，亚里士多德就对已有的学科知识进行了分类，他将它们分为政治学、物理学、修辞学、伦理学等。

3. 感性思维与理性思维

感性是生命的本能，在生命形式的进化过程中，基于本能的感性，慢慢产生了理性，人类社会才得以逐步完善。所谓理性，就是基于感性，通过思考而升华的一种抽象的认知，理性既包括思维本身的结论，也包括以此为动机的行为判断。

一般情况下，中国人的判断力和情感受感性思维的影响较大，而西方人从古代开始就注重理性看待事物。例如：中国人认为"不知者不怪"，而苏格拉底则认为无知作恶比明知故犯还要恶劣，因为"无知"本身就是"恶"。

4. 对立思维

世间万物都有其对立统一的两方面，这就是对立思维。中西方文化中都曾提到过事物之间的矛盾对立关系，然而，中西方看待对立关系的观点却并不相同。

中国文化注重求同的思维方式，注重以天人合一的思维方式处理问题，强调万物一体、和谐共生。这一点在伦理观上则表现为集体利益大于个人利益，当集体利益受到威胁时，可以放弃个人利益保全集体利益，个人应采取否定自己的方法以适应群体的态度。在中国文化中，人格的分裂是不被理解的，一个人是什么样的性格就应该一直保持。

在西方文化中，矛盾的斗争性思维方式是被普遍认可的，个体生存的意义在于面对整体力量时随时抗拒这种异己的、压抑自我的力量。西方人还认为人性本恶，人生处处是冲突，人格经常会分裂，人与命运的悲剧随时都在发生，人都是在对立中诞生，在矛盾中存在，在斗争中寻求生存。

5. 归纳与演绎思维

中国人乃至东方人在说话或写文章时习惯用"归纳法"，即在论述某一话题时，多采取由次要到主要，由背景到任务，从相关信息到主要话题的论述方法，通常把对某一事物的看法或对别人的意见、建议等主要内容放在最后，这是逐步达到高潮式的讲话方法。

西方人则习惯采用"逆潮式"的演绎法来表达自己的看法。这种方法的特点就是把话题放在讲话的最前边，以引起听话人或读者的重视。

把中西方两种语篇的论述方式以因果关系来阐述，即中方语篇是"因"在前，"果"在后；西方语篇是"果"在前，"因"在后。

（三）中西民俗文化差异

1.节日文化差异

节日是指一年之中具有特殊民族文化意义或社会文化意义并穿插于日常生活中的日子，它是人们丰富多彩的业余生活的集中展现。每个国家、民族都有自己的节日，这些节日往往承载着这个国家或民族独特的政治、经济或其他方面的文化。由于中国和西方国家的民族信仰和发展历史有较大的差异，所以中西方的节日文化也体现出各自不同的历史传统与价值取向。

（1）价值取向差异。一个民族的价值取向通常是这个民族历经长时间的实践与验证总结和归纳出来的，其是推动这个民族不断前进与发展的动力并且不会轻易发生改变。传统节日则是一个民族价值取向与思维观念等精神文化的重要反映。对比中西方传统节日文化可以发现，中国传统节日文化具有明显的集体主义倾向，而西方传统节日文化则呈现出个人主义的价值取向。

中国传统文化的集体主义价值取向是在儒家思想的影响下产生的，因为儒家思想较为重视社会群体之间的血缘关系和地缘关系，其认为"血浓于水"，人与人之间的亲情关系不能磨灭，还提倡互帮互助的同乡情谊，所以有"老乡见老乡，两眼泪汪汪"的说法。体现在节日的设定上就是，中国传统节日呈现出较强的家庭宗族观念和群体观念，一般过节会举行以家族或家庭为核心的集体活动。

例如：在中国，每逢春节、元宵节、中秋节这种大型的传统节日，人们总想着一家团聚，因此家中的父母长辈都会期盼着孩子们能回家过节，在外务工打拼的年轻人也会不辞辛苦，尽量在节日期间赶回家与父母、亲人团聚。家中父母通常会准备很多丰盛的食物欢迎家人的归来，人们欢聚一堂，一起吃"团圆饭"。聚餐期间，人们闲话家常，互相问候，分享生活中的酸甜苦辣。此时，晚辈会借此机会向长辈敬酒祝福，长辈也会祝福和教导晚辈，告诉他们一些为人处世的经验，希望他们的生活越来越好。总而言之，人们在节日期间会暂时放下手头的工作，与亲朋好友共聚一堂，享受欢快、轻松的节日氛围。

又如，中国人会在清明节扫墓祭祖、踏青郊游，会在端午节举行赛龙舟和吃粽子的集体活动。这些都体现出了中国传统节日追求家人团圆、社会和谐、尊重长辈、爱护晚辈的价值取向，也体现出了浓浓的中国文化韵味。

与中国传统文化价值取向不同的是，西方传统文化认为人是世间万物的主宰，人是一切活动的核心，每个人都是独立的个体，是独一无二的，因此个人的感受和体验才是最重要的。这也是为什么西方人对个性和自由十分推崇的原因之一。与中国人重视集体主义观念不同，西方人十分强调个人的意志，追求个人的解放与自由。当然这并不是说西方人一点儿也不在乎血缘关系和家人朋友，西方国家也有类似中国春节的象征全家团聚的传统节日，如圣诞节、感恩节等。其中，圣诞节是很多西方国家中最重要的节日，圣诞节的庆祝活动一般从 12 月 24 日夜间就已经开始，半夜时分达到高潮，这一夜称为圣诞夜。这天晚上，西方人也会全家人聚在一起共同享受丰盛的晚餐，围坐在火炉旁尽情说笑，家人和朋友间会交换祝福的卡片，互送圣诞礼物，孩子们还会在床头挂上一只空袜子，期待圣诞老人送的礼物。

感恩节也是西方国家中一个十分重要的节日。在感恩节这一天，美国人不仅会全家人聚在一起吃美味的火鸡、南瓜饼、玉蜀黍等食物，还会按照习俗一起去教堂做感恩祈祷。

虽然西方人也重视家人团聚和亲情关系，但从整体上分析，西方节日更侧重个人价值的挖掘和个人情感的释放。西方节日大部分以欢快和娱乐为主要基调，人们常常借节日之名，尽情展现自我、享受个人的欢乐。

（2）表现形式差异。在表现形式上，中西方节日的最大区别在于节日性质的差异。此处节日性质主要是指这一节日体现的功能和文化是单方面的还是多方面的。对比中西方的节日特征可以发现，中国的传统节日大多是综合性的，而西方国家的传统节日大多是单一性的。

具体分析，中国传统节日是一种集多种文化因素于一体的文化现象，因此其功能也是多样化的。例如：清明节最初起源于上古时期的春祭习俗，因为在这一时节，早春的寒冷逐渐退却，世间万物呈现出吐故纳新、春和景明之象，人们为了庆祝这万象更新的景象，设置了这一节日；后来，人们又将扫墓祭祀、缅怀先人与踏青春游、亲近自然的活动融入其中，使清明节成为一个多种活动相融合的综合性节日。又如：春节是中国最大的综合性节日，人们会在节日期间举行各种有意义的活动，如祭奠祖先、逛庙会等。而由于西方盛行"维护人权""个体价值""个性展现"等思想观念，追求个人主义，突出个人的价值，所以西方的节日常常体现出单一的娱乐精神，像母亲节、愚人节等，都体现出其对个体或某一特定群体的关注。

2. 典故文化差异

典故是对一个民族历史进程和文化内涵的体现，它不仅承载着历史，还凝结着民族的聪明智慧，是一个民族不可缺少的精神财富，是民族文化的宝藏。对比中西方典故文化的渊源，可以发现中国典故文化与西方典故文化的不同之处。

（1）中国典故文化的主要来源是历史故事、神话传说和民间风俗

①历史故事。中华民族是一个幅员辽阔、历史悠久的民族，在这片广阔的土地上，曾经历过多次的改朝换代，发生过很多具有历史意义或文化价值的重大事件，因此这些历史事件、历史故事便成为汉语中典故的来源。例如：闻鸡起舞、四面楚歌、卧薪尝胆等典故是对真实历史事件的概括说明，而助纣为虐、罄竹难书、普天同庆等典故则表达了人们对历史事件的看法与评价。

②神话传说。神话传说也是典故来源之一。神话传说是古人凭借想象编写的关于神灵和古代英雄的故事，其中有一部分体现出古代劳动人民对一些自然现象的天真认知，还有一部分代表着人们对美好生活的向

往。中华民族不仅拥有悠久的历史文化，还具有丰富多彩的神话传说。汉语中的神话故事大多反映出古代中华儿女对大自然与社会生活的认识，并且一般一个典故就是一个故事。例如：女娲补天、夸父逐日、精卫填海、嫦娥奔月、后羿射日等典故都源自汉语中的神话传说。

③民间风俗。民间风俗由在社会上长期发展形成的，人们约定俗成的礼节、风尚、习俗的总和构成。民间风俗是民族文化的重要组成部分，也是民族语言不断丰富和发展的源泉，因而很多典故出自民间流传已久的风俗，这部分典故具有贴近人民群众的生活、富有生活气息的特征。汉语中的"民以食为天"描述的就是人民群众的日常生活。其基本含义是：食物对人们来说至关重要。它反映出在古代农业社会中，食物的重要性不仅关乎每个个体的生存，还涉及整个社会的稳定。在现代社会，"民以食为天"这句话常常被用来形容食物对于人们生活的重要性以及人们对美食的热爱和追求。它也体现了中国传统文化中对于"民生"概念的关注，即国家和政府首要关心的应该是人民的基本生活需求和生活品质。

（2）西方典故文化的来源范围更广，包括的方面更多

①历史事件。英国虽然也是一个历史悠久的国家，但只有少数反映本民族故事的历史典故。在西方文化中，有很多典故的来源是欧洲或美洲其他国家的历史事件。例如：fifth column（第五纵队）源自西班牙内战，现用来比喻渗透进敌人内部进行破坏，配合外部组织进攻的间谍或内奸；gold rush（淘金热）用来比喻一段时间内兴起做某事的热潮，这一典故源自美国历史上西部地区曾盛行的淘金活动。

②文学作品。西方文化中还有很多典故来源于文学作品。例如：《奥德赛》（*Odyssey*）是希腊史诗《荷马史诗》的下册，主人公奥德修斯是一位希腊神话英雄，他曾在特洛伊战争中以"木马计"攻下特洛伊城，随后又独自在海上漂流了十年，随后战胜了独眼巨龙、制服了女巫，最后终于回到家与妻子团聚。因此，后来人们用奥德赛来喻指困难重重、

充满艰险的历程。

③体育典故。西方英语国家对体育运动十分喜爱，尤其是美国，其有着优良的体育传统和庞大的体育产业。很多美国人热爱健身、运动，人们在日常聊天时也喜欢讨论与体育相关的话题，因此很多体育运动的术语在人们的日常生活中很是流行。久而久之，橄榄球、棒球、拳击等体育项目中的体育术语就通过意义的转换而变成了广泛应用于日常生活领域的语言表达，并最终演变为典故。例如：hat trick（帽子戏法）这一典故源自魔术师用帽子变的戏法，后来这一术语被应用于足球、板球和曲棍球领域，指一个板球投手连续三次击中木门或一个足球运动员在同一场比赛中自己踢进了三球。

④现当代经典。西方文化典故还擅长从现当代经典文学、影视作品中取材。例如：Snoopy（史努比）、Tarzan（人猿泰山）、Spider-Man（蜘蛛侠）、Superman（超人）、Zorro（佐罗）、Pinocchio（匹诺曹）、Uncle Tom（汤姆叔叔）、Black Humor（黑色幽默）、Shangri-La（香格里拉）、Angry Young Men（愤怒青年）等。

⑤莎翁戏剧。莎翁是对英国著名诗人、文学家莎士比亚的昵称。由于莎士比亚的作品都十分经典，也很受大家欢迎，因此莎士比亚在文学作品中的一些表达逐渐演变为典故。例如：salad days（少不更事的时期）喻指天真烂漫、缺乏人生经验的青少年时期。该表达出自莎士比亚编写的罗马悲剧《安东尼与克莉奥佩特拉》（*Antony and Cleoptra*）。在该剧中，埃及女王声称自己与罗马统帅交往时还是在自己的青少年时期。

三、文化差异对英语教学的影响

英语教学不仅是一种语言教学，更是一种文化教学。英语教学的这一角色定位主要是受中西方文化差异的影响而形成的。在英语教学中，英语教师除了要讲授英语语言知识和技能，还要讲授文化知识，时刻注意文化因素对学生学习语言和应用语言的影响。因为英语首先是一种语言文化，其次才是一门学科。也就是说，英语的社会性、发展性和交际性等文化特征比其知识性和学科性更重要。下面本书从这几个方面出发分析文化差异对英语教学的影响。

（一）社会性要求英语教学关注社会生活

语言的习得属于一种条件反射，主要取决于学生的已有经历、交往行为以及在交往中得到的信息。认知主义学习理论认为，交际者新收到的信息会和原有的图式发生反应，如果二者相符，新的信息就会和原有的图式同化；如果二者不符，原有的图式就要顺应新的信息，做出改变。例如：当学习者在跨文化交际活动的实践中发现目的语交际对方的语言表达方式和自己掌握的表达方式相符时，他就会巩固这种方式；相反，如果学习者发现目的语交际对方的语言表达方式和自己的表达方式不符，他就会调整自己原有的图式，以符合目的语交际对方的表达习惯。

在英语教学中，英语教师除了要教授基础的语言知识，还要引导学生关注社会生活，尤其是让其关注真实的语言表达方式。这具体可以从以下三个方面入手。

1. 选择教学内容

在教学内容的选择上，英语教师可以采用源自国外学校的原版教材，或参考原版教材的语言表达选择教学内容。

2. 创设交际情境

在实际的教学过程中，英语教师要为学生创设真实的言语交际环境。首先，英语教师要保证教学语言的真实性，为学生树立可以模仿的榜样，即教师的教学语言应是实际交际过程中会使用到的语言，而不是专门为了教学活动编创的语言；其次，英语教师要选择与学生的学习、生活以及今后的工作息息相关的话题作为交际情境的主题，要把英语这一语言的教授和学生关心的热门话题结合起来，要把一些题材广泛、内容丰富、贴近生活的信息材料融入情境设计中。

3.感受国外生活

对于学习者来说，如果其能接触并感受目的语国家真实的语言生活，那么其英语水平将迅速提升。而互联网恰好为学习者足不出户感受国外的语言生活创造了条件，学习者可以根据关键词上网了解目的语国家人们的风俗习惯、表达习惯、社交礼仪、社会秩序等生活情况。

（二）发展性要求英语教学鼓励个性发展

随着时代的发展，新的语言表达层出不穷，这主要是因为语言的发展受到了社会发展性的影响。社会的发展性对语言的发展性起着决定性的作用，学习者学习语言的过程实际上是将新的语言文化信息纳入已有结构并产生同化或顺应的过程，这也是学习者充分发挥主观能动性，进行创新表达的过程。

根据乔姆斯基（Chomsky）的普遍语法理论，语言不是通过学习得到的，而是一种存在于人类大脑中的语法原则，是一种生物天赋的组成部分，语言不需要进行专门的学习，但使用语言不能违反其特定的规则。乔姆斯基还主张语言在一定程度上也是说话人本身心理活动导致的结果。其类似人们刚出生不久后的婴儿阶段展现出的语言学习能力，当婴儿的表达出现语言错误时，甚至不需要纠正，因为随着年龄的增长和生活经验的增加，他们会逐渐察觉出自己的语言错误并自动改正。

基于以上分析可以得知，部分学生不擅长学习英语，可能是因为英语教学活动没有激发学生的天赋，从而阻碍了学生个性的发展。个性发展有利于促进学生的英语学习。因此，英语教师应该鼓励学生的个性发展，尊重学生的学习风格和学习方式，培养学生不断建构语言体系的能力。具体来说，可以从以下几个方面入手。

（1）坚持以学生为中心的教学原则，充分考虑学生的学习需求和学习心理。

（2）激发学生的学习动机，引导学生发现适合自己的学习方法。

（3）创建学习任务，营造完成任务的情境，使学生在其中积累知识、建构知识。

（4）引导学生展示自己的学习成果，如通过组织对话、角色扮演的形式展现目的语国家的社会生活方式。

（三）交际性要求英语教学尊重学习体验

英语的交际性特征要求英语教师对学生个体的学习体验给予充分关注，英语教师要观察学生是否在学习英语的过程中积累了一定的语言知识和交际知识，以及是否获得了较好的学习体验。具体可采用以下几种方法。

1. "沉浸法"帮助实现意义表达

"沉浸法"学英语是用英语对各类学科进行学习，从而使其他学科的知识掌握与英语学习联系起来。学科学习主要是为了表达意义，这为学生实现意义表达提供了真实可靠的语言环境，有利于激发学生的学习兴趣，提高学生的表达水平。

2. "全身反应法"帮助缓解表达焦虑

"全身反应法"能帮助学生缓解使用英语表达的焦虑是因为"全身反应法"具有以下特点。

（1）"全身反应法"能通过"以言行事"的语言功能缓解表达焦虑。"以言行事"的说法源自言语行为理论，该理论认为人们每说一句话就是在执行某种言语行为，如陈述、命令、提问等，这些言语行为的执行都遵循着一定的规则，这些规则赋予了言语行为特定的力量，表明了说话人的意图。明确的言语行为能帮助学生缓解表达的焦虑。

（2）"全身反应法"认为听在学习英语的过程中十分重要，学生应该先听后说，先输入后表达。听是一种帮助学生积累表达信息和表达技巧的有效渠道，只有拥有了足够多的信息输入，掌握了一定的表达技巧，学生才有信心开口表达。

（3）"全身反应法"能为学生提供"可理解的输入"。美国语言教育家斯蒂芬·克拉申（Stephen Krashen）提出了影响深远的语言监控理论，该理论共由五个假设组成。其中，"可理解的输入"来自其中的"输入假设"。输入假设是克拉申语言监控理论的重点研究部分。克拉申认为，语言的习得是有条件的，语言习得者只有接触了"可理解的语言输入"，也就是说接触的第二语言输入内容的水平略高于习得者现有的语言水平，并且该习得者能够理解输入语言内容的意义和形式时，语言的习得才会产生。这就是语言学界著名的"i+1"理论。

在"i+1"理论中，i表示习得者现有的语言水平，1表示稍高于习得者语言水平的知识内容。克拉申表示，该公式的输入无须刻意提供，只要理解输入达到了一定的量，输出就会自动生成。如果学生不能理解输入的信息，那么这些信息就好比"对牛弹琴"，是不容易被记忆和应用的。

3. 用宽容的态度对待学生的错误表达

英语教学的主要目的在于培养学生的交际能力，所以英语教师要引导学生更注重语言表达的意义，而非形式。学生在学习英语的过程中出现错误是非常正常的现象，如果出现错误，英语教师可以组织学生一起讨论，使学生发现问题的根源并改正。对于学生来说，发现错误要及时反省，更正自己对原有概念的理解。只有明白了错误的答案为何错误才能避免下次再犯同样的错误，才能理解正确答案为什么正确以及怎样做才是正确的。因此，学生不要害怕犯错，教师对学生的错误也要保持宽容的态度。

第三章 英语跨文化教学探析

第一节 英语跨文化教学的意义

要分析英语跨文化教学的意义，首先要了解英语跨文化教学的概念。

一、英语跨文化教学的概念

随着世界各国、各民族之间政治、经济、文化等领域的交流与合作，国家和社会对新时代英语人才的需求也发生了变化，与此相对应的高校英语教学的教学目标也发生了变化。当前，培养和提高高校学生对多元民族文化的认知与理解能力，进而建构起其跨文化交际的意识，培养其跨文化交际的能力，规避其在参加跨文化交际实践中可能发生的矛盾与冲突，已经成为当今时代高校英语教学的重要教学目标。为了实现以上教学目标，高校英语教学借鉴了跨文化交际学的学科理论，跨文化交际学的引进使高校英语教学进入了一个新的发展阶段。现如今，高校英语跨文化教学已发展成为教育学界的一个具有时代意义的课题，要了解英语跨文化教学的意义，首先要明确跨文化教学的概念。

其实，在很久之前的英语教学中就已经存在文化因素的教学，只不过当时人们更注重对词汇、语法知识的教学，文化知识在整个教学计划中所占的比例和地位都比较低，因而没有引起人们的注意。也就是说，英语教学过程中无意识的跨文化教学实际上已经有一定的历史了，只不过由于国家教育环境、教学制度的差异，使世界各国、各地区的英语教学呈现出不同的特点，英语跨文化教学的理念与模式也体现出不同的民族特征。但是，大部分国家和地区的英语跨文化教学的发展历程是基本相同的，这一特征也一定程度上反映出国际交流与合作对世界各国教育事业发展的影响，即多元文化背景下的教育发展呈现出趋同性特点。

通过对英语教学产生与发展历程的观察和研究可以发现，世界各国、各地区的英语跨文化教学基本经历了以下三个发展阶段。

阶段一：20 世纪五六十年代，世界各国、各地区的跨文化教学以英语文学作品的阅读与赏析为主，学生通过文学作品中的一些介绍和描述能掌握一部分英语文化信息；此外，英语文化中的著名历史人物和重要事件以及习俗礼仪被当作英语"大写文化"编入英语学习教材。从 20 世纪 60 年代末开始，随着听说教学法和视听教学法的进一步普及和应用，文化因素成为促进英语词汇学习的重要影响因素。

阶段二：发展到 20 世纪七八十年代，交际教学法开始将英语文化知识明确纳入教学内容体系，广大英语教学工作者认为提高学习者英语交际能力的有效途径是提高学习者的社会语言能力和文化能力，此时的跨文化教学以小写文化为主要教学内容。所谓小写文化，就是外语民族在日常生活中所体现的文化，教师在教学过程中需要特别注意那些容易造成交际失误的文化差异的教学。显然，此阶段的英语跨文化教学与之前相比有了明显的进步，但跨文化教学还是语言教学的附属部分，不能独立构成一个体系。

阶段三：20 世纪 90 年代以后，跨文化教学开始变得和语言教学一样重要，并且跨文化教学的教学功能也逐渐增多。跨文化教学不仅能辅助语言教学，帮助学习者提升语言知识和技能，还能帮助学习者在接触目的语文化之后对比母语文化和目的语文化的异同，从而更新学习者以往的观念文化认知，使其树立跨文化交际的意识。由此可见，这一阶段的跨文化教学在上一阶段的基础上又有所创新，教师不再只专注于文化知识的教学，还关注学生在文化情感和文化意识上的成长。

纵观英语跨文化教学的发展历程可以看到，跨文化教学的重心发生了两次明显的改变，第一次是从对阅读能力的培养和训练发展为对交际能力的培养和训练，第二次是从对交际能力的关注与培养发展成为对跨文化交际能力的进一步提升。可以说，无论是欧美发达国家和地区还是亚非发展中国家和地区英语教学中的跨文化教学都经历了上述三个发展阶段。英语教学中跨文化教学的发展过程充分印证了一个事实，即英语教学的发展会随着时代与社会发展需求的变化而变化；英语人才跨文化交际能力概念的提出将跨文化交际学科与英语教学的理论与实践紧密结合在一起，使这两个原本相对独立的学科有了交集。

二、英语跨文化教学的重要意义

文化需要用语言的形式来展现，而语言则需以文化为载体进行具体呈现，因为语言不仅是特定区域内简单的语音符号和书写符号，还能反映出该语言使用群体的思维模式、生产方式和风土人情。不同国家和地区的文化有着较大差异，交际者需要通过学习语言的形式，用语言将文化差异表达出来。在跨文化交际的情境中，交际双方只有对对方的社会文化具有一定的认知和正确的理解，才能保证交际活动的有效性，才能避免因文化差异导致的沟通问题和交际冲突，进而实现跨文化交际的目的。因此，在开展高校英语教学的过程中融入跨文化教学的内容是非常必要的。如图 3-1 所示，开展英语跨文化教学的重要意义主要体现在以下五个方面。

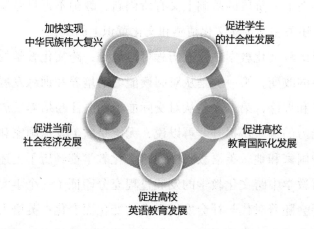

加快实现
中华民族伟大复兴

促进学生
的社会性发展

促进当前
社会经济发展

促进高校
教育国际化发展

促进高校
英语教育发展

图 3-1　英语跨文化教学的重要意义

（一）促进学生的社会性发展

　　人具有社会属性，每一个人的生存和发展都离不开社会，每个人都要在社会中扮演一定的角色，并承担该角色的责任，履行该角色的义务。因此，每个人都和社会有一种相互联系、共同发展的关系。任何一个人想要生存，想要进步，想要获得更好的生活并实现自我提升，都必须进行学习。而个体的学习是无止境的，因为社会的各个组成部分和发展因素影响着个体的生存和发展。基于以上分析，教师有责任也有义务引导学生通过不断的学习来认知和了解这个社会的真实情况，尤其对于那些与学生的日常学习、生活乃至未来工作息息相关的社会现象，教师更应引导学生进行必要的认知和理解。这也是一种在短时间内高效率地丰富学生的人生阅历和生活经验的有效途径，其能快速增进他们的知识、提高他们的认知能力和自我分析能力、丰富他们的情感。

　　只有有了对社会的正确认知，学生才能建构起正确的行为体系和思想体系，才能规范自身的行为，拥有正确的思想价值观念。对于高校学生来说，高校学习阶段是促进其社会性发展、培养其社会认知能力的关键时期。这主要是因为当前的社会现象和社会交往关系十分复杂，他们在之前的义务教育阶段可能并未很好地感受这些现象和关系，进入高校学习阶段，他们可以以成年人的身份更多地参与社会活动，与各种类型的人进行交往。由于交往方式和交往对象的多样化和复杂化，他们需要接受有关交际能力方面的教育。

因此，英语教育通过开展跨文化教学来培养学生与社会不同语言群体进行沟通与交流时应具有的态度、意识和能力，并且从社会各个层面的需要出发，培养学生的团队意识和合作能力，增强学生的文化素养，提升学生的跨文化交际能力。这对于帮助学生更好地了解社会、融入社会、紧跟时代发展的步伐和社会发展的需要以及提升个人素质来说，具有现实的意义。由此可见，开展英语跨文化教学有助于实现高校学生培养的社会化目标。从促进学生全面发展的角度来说，英语跨文化教学的最终目的不仅仅是为了提升高校学生的知识储备和文化素养，更是为了帮助他们树立正确的理想和信念，培养他们尊重差异、追求平等、勇敢自信、乐于合作的观念和意识，激发学生潜在的能力，发掘他们的聪明才智。

无数教学案例已经证明了在高校英语教学过程中开展跨文化教学的重要性，因此融合英语教学与跨文化交际教学不只是一个没有实际意义的理论或者空泛的概念。而且，时代的发展与社会的进步也为想要参加跨文化交际活动的人才提供了很好的机会和平台，如我国许多高校与国际名校合作办学、出国留学的名额越来越多。因此，高校英语教学工作者需要在开展英语教学的活动中更加关注和重视跨文化教学的融合，采用各种方法来培养学生对不同民族文化的认同感和包容性，帮助他们树立面对异域文化时应有的文化意识和包容心态，这是学生离开校园、步入社会、实现自我发展的一项基本能力，也是促进不同民族文化之间交流、合作与共赢，实现和谐发展、共同发展的一项基本素质，其还能够帮助学生在参与社会主义建设的同时实现个人的职业理想与规划。

（二）促进高校教育国际化发展

随着全球经济一体化、文化多元化发展进程的推进，世界各国高校教育的发展趋势也受到了一定的影响。当今时代，树立高等教育的国际化意识、提升高等教育的国际化水平，是当前高等院校办学的理念基础。由此可见，在高校英语教学过程中融入跨文化教学是我国高校国际化办学发展的方向。英语跨文化教学在我国高校的实施和普及对于我国创新办学理念、尽快融入世界高校办学的时代洪流具有积极的推动作用。具体原因如下。

首先，在经济全球化与文化多元化发展的时代背景下，我国高等院校人才培养事业需要满足的不仅仅是国内市场对国际化人才的需求，还有在全球化进程中国际市场对我国专业人才的需求，也就是说，全球范围内的经济市场都需要具备跨文化交际能力和综合文化素质的人才，这种需求不再局限于某一民族或某一时段的需要。因此，世界各国和地区的高等教育需要创新教育理念，开展教育改革，以适应国际市场人才需求发展的趋势。我国高等院校也要立足于国际化的高度开展英语跨文化教学。

其次，国内很多高校在寻求同国外高校甚至世界名校合作办学的机遇，中外合作办学正开展得如火如荼，且还在不断的升级中。中外合作办学的教学模式以平等互利、共同发展、相互学习为办学基础，在这种教学模式下开展跨文化教学符合高校教育的办学目标。在中外合作办学的过程中，无论是高校本身还是参与办学项目的教师、学生都面临着多元化的办学背景，尤其是参与办学项目的国外的教师和学生来自不同的国家和民族，他们的思维方式、社交礼仪、民俗文化等同我们相比有很大的差异。在这种办学理念和办学氛围中成长的学生肯定会受到多元文化思维的影响进而树立起跨文化交际的意识，形成平等、开放、包容的文化理念和文化思想。

再次，在经济全球化的发展潮流中，世界各个国家和地区的商品、信息、服务乃至人员呈现出自由流通和跨国开放的发展趋势，这种发展趋势促使跨文化教学成为全球化过程中增强不同民族文化之间沟通、交流、理解与合作的有效方法，甚至可以说当前高校跨文化教学的发展水平已经成为一个国家综合国力的现实体现。在多元化办学模式的影响下，各大高校都在革新自己的办学和教学模式，并通过结合派出和引进两种办学模式来提高自身在教育国际化发展态势中的竞争力。

最后，通过开展英语跨文化教学，高等院校可以学习和借鉴西方先进的办学理念和教学模式，从更加客观的视角出发研究和分析我国的高校教育和英语教育，并能够以国际化的眼光观察和分析全球范围内存在的民族问题、合作问题等综合类型的问题，从而在检验理论的过程中结合中国教育教学的现状，找到中国本土办学、教学与世界办学、教学成功经验的结合点，以更好地把握国际主流意识的发展，在办学、教学过程中进行创新，并能在改革创新的过程中保持自己的特色，从而推动我国高等教育事业的发展。

对于高校教育中教师专业的发展来说，英语作为全球通用的国际化语言，可以说是一种全世界先进科技成果和文化成果十分重要的记录和传播方式。无论你是谁，来自哪个国家，如果想让自己的研究成果被更多的人了解和认可，那么你就必须学会用英语表达自己的观点，记录自己的研究发现和研究成果，只有这样，才能获得国际性学术交流与探讨的机会，才能使自己的研究走出国门，迈向世界。否则，我们的教育教学工作就无法融入国际学术的研究领域，就无法得到国际同行的支持和认可。因为这不只是一种外在的、浮于表面的交际形式，更是一种学术思想、一种教学理念的沟通与融合。而英语是教师参加国际交流必不可少的重要工具，教师在学习英语的同时，不能缺失对英语文化的学习，因为英语只是一种用于表达和沟通的交际工具，英语文化才是使用者思想的承载，才是双方交流的内核。

从以上视角出发进行研究，也证实了在高校教育的过程中强化跨文化教学的必要性。只有做好跨文化教学工作，才能使承载着思想与文化的英语在国际交流与合作过程中发挥应有的媒介作用，才能使来自不同国家、不同民族的思想文化在语言的交流中得以相互认识、理解和学习，从而真正发挥出语言的传播与交际功能，进而推动我国文化、科技、教育等领域的国际性交流与合作。与此同时，根据跨文化交际实践活动的经验教训，高校教育中的英语跨文化教学应尽量多使用比较研究的方法开展教学，并通过这种方法增强不同学科内容之间的交叉与融合，使学生不仅能掌握基础语言知识，还能了解人文学科的相关知识，使高校各学科之间能够增强相互沟通与交流合作，以达到更好的教学效果。

基于以上分析，本书认为，无论是我国的教育教学部门还是各大高等院校，都应该对跨文化教学给予足够的关注与支持，以使各大高校培养出来的人才既能充分了解和掌握跨文化交际活动中对方语言文化的背景，减少因为文化差异而产生的误解与冲突，又能对本民族的语言文化具有深刻的认识和理解，并且能够使用英语这一国际化的语言向世界其他国家和民族介绍本民族的语言和文化，使世界各国、各地区的社会群体都能接触和认识本民族的优秀文化。这才是我国开展跨文化教学的最终目的。

在此基础上，各大高校还肩负着另外一项教学任务，那就是在开展跨文化教学的过程中引导学生通过不同文化之间的交流与对比发现文化的差异性，使其在尊重和接受文化差异性的同时冲破差异性的障碍，认识到表面差异性背后存在的语言共同规律。只有认识和感悟到不同语言与文化背后存在的共同性本质和规律，学习者才能够真正掌握这门语言及其背后的文化。这样的教育方法才能教导出在激烈的国际化人才竞争中能脱颖而出的、具有创新思维和创新能力的人才，也只有这样的人才才能在新的世界格局中发挥跨文化交流的作用。

（三）促进高校英语教育发展

当前高校英语教育的定位是培养和提高学生的英语综合应用能力。英语综合应用能力不仅包括基础的英语听、说、读、写、译五个方面的能力，还包括在特定交际情境下用英语开展跨文化交际的能力，这主要是因为来自不同语言文化的个体在开展跨文化交际的过程中，经常会因为双方文化的差异而影响交际的效果，由于文化碰撞而引发的误会更是在所难免。根据众学者对实际跨文化交际行为的研究和分析，在不同语言文化的交流过程中，因为文化而导致的交际障碍要比因为语音、语法失误导致的交际障碍严重得多。由于交际双方语音不标准或语法不正确导致的最坏的结果无非词不达意，即对方无法理解你真正想要表达的思想内容；但由于交际双方文化认知和理解问题而导致的误会，就可能会上升到民族尊严的高度，可能会使对方误以为你不尊重对方的民族文化，甚至会引发对方的敌意。

如果想要在与其他国家或民族的沟通与交流过程中避免出现文化信息的误解或文化冲突，减少沟通与交流过程中不同民族文化背景下交际双方的摩擦，那么就需要保证参与交际的人员具备一定的跨文化交际素养与跨文化交际能力以及对交际对方的文化传统和文化禁忌有比较深刻的认知和理解，只有这样，才能实现跨文化交际的目的。因此，在高校英语教学的过程中有效融入有关英语国家或民族文化知识的教学是十分必要的。将英语教学与英语国家或民族文化的教学有机地融合在一起，能够帮助学生掌握英语知识和技能、增加学生的民族文化积累、提高学生对广阔世界的认知和理解、培养学生正确的民族思想观念，因而这种观点和做法已成为当前高校英语教育行业的共识。

（四）促进当前社会经济发展

随着我国各个行业和领域改革开放力度的不断加大和经济的飞速发展，我国各行各业国际化的交流与合作事项也逐渐增多。因此，我国社会经济的发展需要大量掌握英语基础应用知识和跨文化交际能力的人参与到国际交流与合作项目中来，以开展越来越多有价值、有发展意义的国际性合作事务，从而进一步增强我国与其他国家、民族的经济联系，满足我国社会经济发展的需求。

当然，满足这种经济发展需求的国际型人才，不仅需要具备出色的英语语言表达能力、理解能力和沟通能力，还需要具备国际化、现代化的文化意识和交际思维，以及对其他国家、民族的文化与历史、传统与现代、日常交往礼仪和交际原则有一定的了解。跨文化交际能力是一种应用于跨文化交往过程的能力，由于交往是一种交际双方双向互动的行为，因此跨文化交际能力也应是一种双向的沟通与交流能力。这就要求高校培养出来的跨文化交际人才不仅应对交际对象的语言文化有较为客观的认识与理解，更应对汉语语言文化知识和历史传统有深入的理解和掌握，这样其才能在跨文化交际的实践过程中有效传递本民族的文化信息，在潜移默化中传播本民族的优秀传统文化，满足交际对象对本民族文化的认知需求和双方的交际需求。

（五）加快实现中华民族伟大复兴

多年以来，我国一直致力于通过改革开放和发展经济来实现中华民族伟大复兴。然而事实证明，要想全方位地实现中华民族的伟大复兴，构筑厚德载物、自强不息的民族精魂，重现昔日的辉煌历史，开展高校英语教学是必不可少的方法途径。因为在当今世界各国、各地区通行的英语是中华民族国际化的必要媒介，中华民族要参加任何国际性的活动或参与国际事务，都离不开英语这一沟通与交流的工具。但是，我们在学习英语语言和文化的过程中必须认识到西方语言文化对中国现代文化发展的影响，尤其应对西方文化在传播过程中形成的垄断地位进行明确的判断。我们不仅要做到有坚定的社会主义信仰，还要做到学习本民族的优秀历史文化，同时对西方语言文化进行选择性的学习与吸收，将西

方文化与中国文化融会贯通，构建符合社会主义现代化发展要求的文化
意识体系，充分利用英语语言知识发展中国的经济、科技、文化、教育
等事业。

　　基于以上分析，英语跨文化教学工作的开展任重而道远。英语跨文
化教学要想培养具有跨文化交际意识和能力的人才，不仅要在学科内制
定新的教学目标、选择合适的教学内容，还要与其他相关学科一起教授
给学生本民族的语言文化知识，使学生在掌握母语文化知识的同时，了
解两种语言文化知识的差异，并进行辨别与分析，进而构建科学合理的、
独具民族特色的文化知识体系，树立文化平等、文化包容的意识。因此，
我们说在当前时代背景下选择在高校英语教学过程中实施跨文化教学是
一件意义重大、影响深远的工作。

第二节　英语跨文化教学的目标

　　英语跨文化教学的目标对英语跨文化教学活动的设计与开展具有重
要的指导意义，也深刻地影响着英语跨文化教学的效果，下面本书主要
研究和分析英语跨文化教学的目标。

一、国外外语跨文化教学目标的界定

　　西利（Seelye）在学习和归纳之前学者研究成果的基础上提出了自
己的观点，即跨文化教学的目标在于培养和发展每一位学生的文化理解
力、文化态度和文化沟通的技巧，使学生能够在目的语交际语境中合理
应对可能出现的文化冲突，进而实现交际的目的。[1]

---

① SEELYE H N .Teaching culture：strategies for intercultural communication[J].*Teaching German*，1984，20（1）：318.

托马林（Tomalin）、斯坦普尔斯基（Stempleski）认为，外语跨文化教学应该是外语教学大纲的重要组成部分。不同人类群体的文化虽然各有特色，但仍然存在相通之处，因此人们有必要进行不同文化的学习。托马林、斯特姆斯基在西利的跨文化教学目标的基础上进行了补充，认为外语跨文化教学的目标应包括以下七个方面的内容：①使学生更加了解外语单词、词组、短语的文化内涵；②使学生认识到人类个体的言行不是天生的，而是会随着性别、年龄、环境和所处社会阶层的变化而变化；③使学生意识到人类个体的言行会受到日常接触文化的影响；④使学生认知和理解外语文化影响下人们的思想行为；⑤激发学生学习外语文化的兴趣，培养他们对外语文化的共情能力；⑥使学生掌握必要的搜索、整理和归纳目的语文化信息的能力和技巧；⑦培养和提升学生分析和评价目的语文化的能力。①

除此之外，托马林、斯特姆斯基还针对开展外语跨文化教学缺少合适的教材这一问题为外语教师提供了生动形象而又具有教育意义的跨文化教学材料，这在一定程度上推动了外语跨文化教学事业的发展。

分析以上几位学者的代表性学术观点可以看出：跨文化教学的目标受多种因素的影响，处于不断发展变化的过程中。分析这些不断发展的教学目标可以总结出，国外外语跨文化教学的最终目标是增强学生对不同语言文化背后差异的认识，丰富学生的语言学习经历，帮助学生认识其他民族文化影响下的交际模式和交际特征，从而培养学生对外语文化的理解与认同，引导学生在跨文化交际的语境中实现从不适应到适应再到熟练应对的过渡，进而实现跨文化交际的目的。

二、国内外语跨文化教学目标的设定

国内众多学者也对外语跨文化教学的目标进行了深入的研究，下面

---

① 托马林，斯坦普尔斯基. 文化意识 [M]. 上海：华东师范大学出版社，1998：12-13.

对几个具有代表性的观点进行介绍。

学者胡文仲、高一虹认为，人们应该正确理解我国开展外语跨文化教学的目标。对于中国学生的教育规划而言，我国开展外语教学的目标不仅仅是让学生掌握一种语言工具，也不仅仅是培养学生的跨文化交际技能，更不是通过文化迁移将中国人变成西方人，而是全面提升学生的社会文化能力。基于此观点，胡文仲、高一虹从三个层面论述了国内外语教学的目标，即微观、中观和宏观层面。[①] 其中，微观层面和宏观层面的教学目标与文化教学息息相关。微观层面的教学目标是培养学生的跨文化交际能力，宏观层面的教学目标是培养学生的社会文化能力，即培养学生运用已学到的语言知识和技能对接触的社会文化信息进行加工的能力，以达到激发学生潜能、完善学生人格的目的。社会文化能力又可分为语言能力、语用能力和对语言文化融会贯通、选择性吸收的能力。

为了详细论述跨文化教学与人格培养之间的关系，高一虹提出，外语跨文化教学要将跨文化交际能力的培养与学生的素质提升这一整体的教学目标有机地结合在一起。外语跨文化教学活动的设计和开展要以学生人格的培养为根本。要想培养学生的人格，理论上的介绍和口头上的说教这两种方法是行不通的，教师必须结合具体的材料或真实的案例来进行。[②]

学者张伊娜与高一虹的看法类似。张伊娜提出，传统跨文化教学的重点在于把文化能力当作一种语言工具来培养，开展教学的重点目标在于清除造成语言理解困难的文化难题，却忽略了文化学习对学生价值观念形成的影响。因此，外语教学工作者应超越文化教学工具观的定义层面，将跨文化教学培养目标当作外语教学整体培养目标的组成部分，从而在引导学

---

① 胡文仲，高一虹. 外语教学与文化 [M]. 长沙：湖南教育出版社，1997：72-82.

② 高一虹. 语言文化差异的认识与超越 [M]. 北京：外语教学与研究出版社，2000：196-198.

生掌握外语语言知识的同时建立起符合社会期望的价值观体系。①

与上述学者提出的发挥跨文化教学在培养学生人格和价值观方面的作用不同的是，有些学者认为跨文化教学应培养学生在学习和理解外语文化基础上的文化创新能力。例如：学者陈申曾提出：跨文化教学的目标就是培养学生的文化创造力。他认为文化创造力就是外语学习者在跨文化交际的实践活动中习得并使用外语文化知识，进而与本民族文化相互作用而产生的一种创新能力。②文化创造力属于个体发挥主观能动性产生的一种能力，包括学生在学习外语语言文化的过程中，通过自己的感知和理解选取外语文化中的优秀部分填补本民族文化空白的能力。总而言之，外语教学的目标不只包括引导学生掌握外语文化知识，还包括培养学生的文化创造力。

通过对国内学者在跨文化教学目标方面研究成果的分析可知，国内外语教学界的专家学者认为外语跨文化教学对外语语言教学有着重要的帮助作用，外语文化认知和应用的能力不只是一种语言技巧，还事关学生社会性的发展和综合素质的提升，更重要的是它有利于学生健全人格的形成，能够帮助学生树立正确的世界观与价值观，使其适应时代的发展和社会的需要。

三、国内高校跨文化教学的培养目标

跨文化教学已成为各大高校外语教学活动组织与开展的重要内容之一，对于跨文化教学的关注与重视，无论是在大学高等教育英语专业的学科教学中，还是在大学高等教育公共课英语、选修课英语的教学过程中，都有着相关的规定。将跨文化教学融入外语教学的过程中，使二

---

① 张伊娜.外语教育中跨文化教学的重点及其内涵 [J].国外外语教学，2000（3）：28-31.
② 陈申.外语教育中的文化教学 [M].北京：北京语言文化大学出版社，1998：230-248.

者成为一个有机的整体，是跨文化教学未来发展的方向。而培养学生在语言文化学习、应用方面的能力则是国内各高校开展跨文化教学的培养目标。

第一，培养学生不断学习英语语言知识和文化的能力。这主要是因为，任何一种语言的学习都不是一蹴而就的，尤其是语言还处于不断发展和变化的过程中，学生更需要充分发挥自身的主观能动性，循序渐进、深入浅出地学习和积累英语语言的知识和文化。在学习过程中，不断地思考和感悟其中的内涵和规律，这是一项没有终点的任务。学生只有主动投身于英语知识和文化的学习过程中，才能满足时代和社会发展的需要，才能提高自己对不同文化环境的适应能力。

第二，培养学生对语言文化知识的理解能力和对固定语言表达的积累能力。在学习英语语言知识和文化的过程中，学生肯定会遇到一些英语民族文化背景深厚或内涵丰富的语言表达，如词汇、短语、习语、谚语等，英语教师要引导学生理解蕴含在这些语言表达背后的深层文化含义并进行积累，以便学生更加理解英语语言和文化的特征。

第三，培养学生的跨文化交际能力。众所周知，随着经济全球化和文化多元化的发展，世界政治、经济等领域的竞争越来越激烈，高校学生要面临的是世界性的发展机遇和竞争环境；在这种时代背景下，跨文化交际能力已经成为个体应对时代发展需要所必须具备的能力之一。

第四，培养学生获取其他民族文化信息的能力。随着信息技术和多媒体技术等高新技术的发展与进步，人们获取英语民族文化信息的方法和途径越来越多。除了传统的书籍、报刊、文献资料等纸质媒介之外，各种电视、网络、社交软件、学习软件等功能强大的工具也为学生学习英语语言知识和文化提供了很多便利条件。学生能否充分利用这些工具、条件获取英语民族的文化信息就成为英语教师需要关注的问题，因此英语跨文化教学要培养学生获取相关文化信息的能力，并关注文化鉴别能力与判断能力的培养。

第五，培养学生客观、平等、包容的文化态度。在开展高校英语跨文化教学实践活动的过程中，英语教师要运用各种方法或通过各种途径创设跨文化交际的真实情境，引导学生在真实的交际情境中感受英语民族的语言文化，使其理解和掌握英语民族的语言文化并在此基础上做出自己的判断，区分文化中的精华与糟粕，包容不同民族的个性文化并选取对方民族的优秀部分填补本民族文化的空白。这对于高校学生适应国际交流发展的趋势具有重要的现实意义。

第三节　英语跨文化教学的原则

在高校英语课堂教学中，跨文化教学是一个重要的组成部分。对于这一部分的安排，英语教师不应该简单地认为只在语言学习的过程中增加一部分有关文化的东西即可，而应该将跨文化教学作为教学本身的一个向导指引其教育教学工作，所以跨文化教学的原则自然而然成为指导教师的启明灯。具体而言，英语教师应对学生讲授必要的文化知识，培养学生的跨文化意识，将语言教学与文化教学同步进行，且须遵循学生为中心原则、文化平等原则、文化与语言相结合原则、交际性原则（如图3-2）。

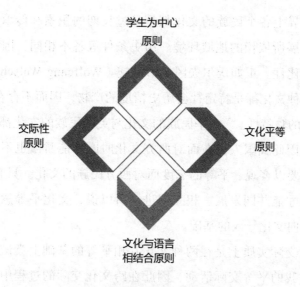

图 3-2　英语跨文化教学的原则

一、学生为中心原则

以学生为中心、教师为主导的原则既是高校英语教学活动开展的指导性原则，也是英语跨文化教学的首要原则。传统的英语跨文化教学是以英语教师为主导的，即根据英语教师个人的兴趣爱好和教学计划开展教学，这既缺乏系统性，也不能很好地照顾到学生的学习需求。而新形势下的英语跨文化教学应以学生为中心，把以"教文化"为教学重点改为以"学文化"为学习重点。但是，以学生为中心并不意味着教师失去了对教学的主导作用，只是教师从文化知识传播者的单一角色转变为了开展语言跨文化教学的多重角色。在文化学习的过程中，英语教师的多重角色包括跨文化教学的设计者、文化知识的咨询者与传播者、文化意义的引导者、文化行为的训练者、跨文化交际的中介者等。

二、文化平等原则

英语教师在开展高校英语跨文化教学的过程中要遵循文化平等的原

则，因为世界上各个民族的文化都是经过长期的积累和传承形成的，它们生存和发展所依赖的地域环境、历史条件等各不相同，因而在一定程度上没有可比性。正如沃尔夫冈·韦尔施（Wolfgang Welsch）所描述的那样，每一种文化都是特定社会历史情境的产物，因而不存在优劣之分，只存在各自的独特性。[①] 中华民族的文化与英语民族的文化都有各自的优势和特点，因此我国人民在面对西方文化时既不能骄傲也不用自卑，在学习过程中要以客观、平等的态度面对西方民族的文化。只有相互学习、互相尊重，才能共同发展、相互促进。所以说，文化平等意识和相互尊重原则是双向文化导入的基础。

跨文化交际实质上是在两种文化互相平等的基础上尝试了解对方以及不改变自我的平等交际活动，因此在跨文化交际的过程中，我国人民不能用本民族的评价标准评判对方的文化行为，而应该以平等的心态去观察和学习对方民族文化的优秀之处，同时学会用英语介绍和传播中华民族的优秀传统文化。

三、文化与语言相结合原则

英语教师应明确地认识到教授英语的目的不仅仅是让学生掌握单词、语法、句型等基础类型的语言知识，还应让学生掌握这门语言背后的文化。因为语言与文化二者之间的关系密不可分：语言是文化最重要的载体，是文化发展的基础；文化是语言发展的风向标，因此跨文化教学理应成为语言教学的重要组成部分。英语教师在教学活动过程中遵循文化与语言相结合原则需要做到以下几个方面的内容。

（一）加强文化知识的介绍与传授

英语教师在保证学生掌握英语基础语言知识的前提下，还要注重对英语语言文化知识的介绍和传授。通过讲授英语语言文化知识，英语教

---

① 韦尔施. 我们的后现代的现代 [M]. 洪天富，译. 北京：商务印书馆，2004：370.

师不仅可以帮助学生开阔视野，加强学生对英语文化的认识，还能提高学生学习英语的兴趣，帮助学生理解枯燥的基础语言知识，如固定短语、英文谚语等的含义。比如在英文中，"rain cats and dogs"表示雨下得特别大，如果学生不了解这句谚语产生的文化背景，就会感到难以理解，为什么下雨跟动物猫、狗有关系呢？事实上，这是因为在很久以前的伦敦，城市的排水系统不是特别完善，再加上有时雨季多雨，因此一场倾盆大雨后常常是汪洋一片，淹死许多迷路的猫和狗。当雨停且水退去之后，大街上就会冒出猫、狗的尸体，似乎是天上下雨带来了这些猫和狗似的，后来人们就把"rain cats and dogs"比作倾盆大雨。英语教师除了在课堂上要注意讲授英语文化知识外，还要鼓励学生利用课外时间和课外活动积极了解和掌握英语语言文化，以增加学生的文化知识积累。

（二）利用教材渗透多元文化的概念

在处理和应用教材的过程中，英语教师需要结合课本内容，引出语言文化知识，拓展跨文化教学内容。例如：词语是语言中十分活跃的组成部分，也是最大的文化载体之一。因此，在日常的教学活动中，英语教师应注意介绍词语的文化含义。英语中有很多词语具有特殊的文化含义，了解这方面的文化知识，有助于学生掌握该词语，理解各种词语表达。

除此之外，由于生存环境、历史和文化的差异，汉语和英语中具有同样表层含义的词语可能具有不同的深层含义，在讲解这类词语的有关表达时，英语教师可以通过汉语和英语两种语言文化的对比进行阐释，如汉语和英语中的颜色词红色。红色是中国文化中的基本崇尚色，中国人的红色情结是其他民族不可比拟的。在中国传统文化中，红色代表着幸福和喜庆，是人们庆祝节日、装饰门庭的主打色之一，此外还有辟邪的含义。当今社会，人们又赋予了红色更多的文化内涵。例如：红红火火，有祝愿生活越来越好，做生意财源广进的意义；红极一时、红得发紫，表示某人知名度很高，很受人欢迎；过年分红，指将盈利分给众人；红色根据地，指的是中国共产党的政治革命基地；等等。而红色在西方文化中有着不同的象征意义，红色在英文中有"鲜血、暴力、危险、亏损、负债"等负面含义。例如："red revenge"意为血腥复仇，"a red battle"意为血战，"red card"意为红牌，"red alert"意为紧急警报，"red figure"意为赤字、亏损等。

在进行语法教学的过程中，英语教师也可以结合多元文化知识进行讲授，如对比汉语和英语在基本句型、主谓结构以及句式、时态、句子构成等方面的异同，启发学生的思维，引导学生对两种语言的差异展开讨论，扩大学生的知识面，激发学生的学习兴趣，从而帮助学生加深对英语语法的理解，提高他们运用英语的能力。例如：汉语和英语在句式上的差异主要表现为汉语多短句，英语多长句。这种差异产生的主要原因是汉语属于意合语言，注重语义的表达，因此不同的含义要放在不同的句子中表达出来；而英语是形合语言，注重结构的完整，因此只要结构允许，不同的意思也可以放在一个比较长的句子中论述。从文化角度分析，汉语重意合与英语重形合的特点体现出两种民族文化影响下形成的思维模式的差异，即中国传统的思维方式更注重直觉、体验和领悟，而西方哲学的思维方式更注重概念、判断和推理。

（三）文化内容与语言水平相适应

在英语跨文化教学过程中遵循语言教学与跨文化教学相结合的原则还要做到使跨文化教学的内容与学生的语言水平相适应。这主要是因为学生的语言水平是制约其文化学习过程和文化学习结果的关键性因素之一。

外国学者拜拉姆（Byram）曾提出，跨文化教学内容的设置应遵循从具体到抽象、由简单到复杂的原则。[①]例如：在学生接触英语的初级

---

① 拜拉姆.从外语教育到跨文化公民教育：文集与思考[M].上海：上海外语教育出版社，2014：15.

阶段，学生的外语水平较低，掌握的语言知识较少，此时跨文化教学的内容就应选择一些与学生日常学习、生活息息相关的话题，如一日三餐、家庭关系、社交礼仪等；发展到学习英语的中级阶段，学生掌握的词语和语法逐渐增多，此时在教学内容中可以适当添加一些较复杂的文化知识，如外国著名历史人物、文学故事等；发展到高级阶段，就可以开展文化观念和文化差异等理论方面的学习与讨论了。需要注意的是，每一种文化本身都蕴含着许多内涵，因而即使是同一个文化主题也可以设置不同的难度。在学生学习语言的不同阶段，相同的文化话题可以反复出现，只是随着学生语言水平和知识能力的提高，英语教师要适当提高文化学习内容的难度。

四、交际性原则

交际存在于人们的日常生活和工作中，没有交际，社会便不能正常运转。那么交际到底是什么？研究表明，交际是在特定语境中说者与听者或者作者与读者之间的意义传递与转换，而语言是人们进行交际的重要工具，人们利用语言来传递信息、交流思想、分享情绪。英语作为一种国际化的语言，更是我们应该学习和掌握的对象。也就是说，学习英语的首要目的就是发挥英语的交际作用，因此英语教学的首要目标就是培养学生的交际能力，而交际能力的核心就是人们能够利用自身掌握的各种语言知识和交际知识在不同的场合和不同的环境下与不同的对象展开有效的、得体的交际。因此，英语教师在开展英语跨文化教学的过程中要贯彻落实交际性原则。如图3-3所示，英语教师可以从以下几个方面入手贯彻落实交际性原则。

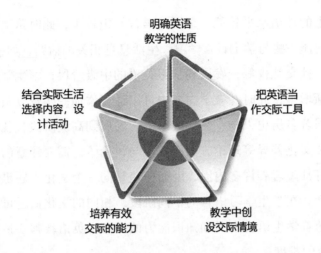

图 3-3　贯彻落实交际性原则的五个方面

（一）明确英语教学的性质

在传统的教学观念中，英语是一门需要学生掌握很多英语词语和语法规则的语言学习课程，学习该课程的主要目的是应对教育部规定的学科考试。但事实上，英语教学首先是一门技能培养类的课程，掌握了英语就是掌握了一项语言技能，因此教师要把英语作为一种有效的交际工具来教，学生要把英语作为一种有效的交际工具来学、来使用。在教学活动开展的过程中，教师的教、学生的学以及英语的使用三方面是一个相辅相成、不可分割的统一体，这个统一体的核心在于英语的使用。与教授一项运动技能类似，教师教授给学生使用英语进行交际的方法在于引导学生使用英语表达自己，与他人进行沟通、对话，如果只教授理论不教授应用，就不能实现最终的教学目标。因此，教师要转变传统的教学观念，了解课程的性质，树立新的、科学的教学观念，这才是落实交际性原则首先要解决的问题。

（二）把英语当作交际工具

英语教师应明晰英语作为一种语言，是一种有效的交际工具，开展英语教学的主要目的之一就是训练学生使用这种交际工具的能力。显而易见，使用交际工具的能力是在实践中训练出来的，无论是口头训练还是书面训练都是不可缺少的，因此英语教师要把英语作为一种交际工具来教，学生要把英语作为交际工具来掌握，教师要引导学生在课上用英语回答问题、参加讨论，在课下用英语与同学开展交际活动。

（三）在教学中创设交际情境

交际活动的进行需要特定的情境为背景，构成情境的基本要素主要包括时间、地点、参与者、交际方式等，一般在特定的情境中，交际发生的时间、地点以及参与者本人的身份会影响参与者说话的内容、语气等谈话因素。因此，在开展高校英语教学的过程中，教师一定要将教学内容安排在一种现实的、有意义的情境之中，这样才能更好地发挥英语的交际作用，并且让学生有一种身临其境的感觉，从而提高他们学习英语的兴趣。例如："Do you know what time it is now?"这个疑问句就有两种不同的含义，一是询问者想知道现在的时间，因此向别人询问，此时这句话应是请求语气；二是询问者在等待他人的过程中对他人迟到的一种反问，意思是"你知道现在都几点了吗，你怎么还没到或者才到"，此时这句话应是责备语气。因此，在讲解英语交际句型的过程中，英语教师要先明示这种表达是发生在何种交际情境之下，这样才能让学生充分理解每句话所表达的意思。

总而言之，教师应根据教学内容，将学校提供的教学条件充分利用起来，创设出与日常生活息息相关的各种情境，开展具有交际性、真实性的英语交流训练活动，这样不仅能调动学生学习的积极性和主动性，还能使学生做到学用结合。此外，教师还可以设计一些任务型教学活动，引导学生通过参与任务、完成任务获得相应的英语知识和经验。为了符合交际能力培养的要求，这些活动应具有交际的性质。

（四）培养有效交际的能力

传统的英语教学只强调英语学习中语法结构的正确运用，而当前英语教学的主要目标是培养学生进行有效交际的能力。根据交际性原则，良好交际能力的体现就是参与者在交际活动中能在适当的场合、合适的时间、以恰当的表达方式表达自己内心的想法。这一要求与第三点要求有着紧密的联系，即教师只有不断地创设情境，组织学生开展多方面的交际活动，如角色扮演、话剧表演、影视剧台词配音等，才能帮助学生轻松应对各种场景，从而掌握地道的英语。

（五）结合实际生活选择教学内容、设计教学活动

语言的产生与发展与人们的实际生活密切相关，因此教学内容的选择和教学活动的设计必须贴合人们的现实生活，并保证教学内容的真实性。因此，在英语教学中，教师要把英语这一语言的传授和学生关心的热门话题结合起来，以及把一些题材广泛、内容丰富、贴近生活的信息材料融入教学内容中。这样的材料由于具有较强的真实性，因此容易使学生产生共鸣，进而激发学生学习的积极性与主动性，使他们认识到学习英语的目的在于交际而不是应付考试或者拿证书。例如：在教授有关兴趣爱好的话题时，英语教师可以让学生描述自己在课余时间喜欢做的事，然后根据学生的回答，如读书、看电影、听音乐、打篮球等导入 read books、watch movies、listen to music、play basketball 等短语。同时，教学内容的真实性还要求教材中的语言和教师的课堂语言是真实的，也就是说以上两种语言应是实际交际过程中会使用到的语言，而不是专门为了教学活动编创的语言。

第四节　英语跨文化教学的内容

顾名思义，英语跨文化教学的内容与文化息息相关，因此要了解英语跨文化教学的内容，首先要清楚文化的概念和分类。关于文化的概念，本书在第二章第一节已有介绍，此处不再赘述。下面本书主要从两个角度出发对文化进行分类。

一、文化的分类

（一）从内涵特点出发

从文化的内涵特点角度出发，文化可分为知识文化和交际文化两种。

知识文化包括社会、政治、经济、文学、艺术、历史、哲学、科技成就等方面的内容；交际文化也可称为常识文化，主要包括思维方式、行为准则、生活习惯和社会习俗等方面的内容。金惠康认为，所谓知识文化，主要是指非语言标志的，在跨文化交际中不直接产生严重影响的文化知识，这种文化主要以物质表现形式存在，如文物古迹、艺术品、实物存在等。交际文化主要是指在跨文化交际中直接发生的影响，在语言中隐含有文化信息，它主要以非物质形式存在。①

（二）从表现形式出发

从表现形式角度划分，文化可分为物质文化、制度文化、精神文化三种。

1. 物质文化

物质文化是这三种文化中最基础的部分，物质文化是人们在社会实践中的物质生产活动及其产品的总和，它以满足人们最基本的生存需要

---

① 金惠康．汉英文化旅游实用手册 [M]．广州：广东旅游出版社，2004：3.

为目标，像汉服、饺子、四合院、鼓楼、胡同、马车等都属于物质文化的内容。

2. 制度文化

制度文化是指人们为了更好地开展社会生产和实践活动而建立起来的各种法律法规、组织形式、规章制度等，包括国家管理机构、生产所有制、国家法律制度、民族的礼仪制度等，制度文化的本质是人类创造的一种通过约束自己来更好地服务于群体的手段。

3. 精神文化

精神文化是人们在长期的社会实践活动和思想意识活动中孕育出来的，它是精神的文化内核，是文化的意识形态部分。精神文化主要包括道德、伦理、价值观、文学、宗教信仰等意识方面的内容。

二、英语跨文化教学的内容和分类

基于以上内容的分析可以看出，文化本身包含的内容种类繁多且十分复杂。因此，在实际的英语教学过程中，英语教师有必要对这些内容进行分类调整和适当选择，重点讲授英美国家的相关文化知识，再辅以其他英语国家的文化知识，如按照文化的表现形式将文化教学内容进行分类安排。

（一）观念文化教学内容

1. 英美等国的历史

这一部分的主要内容包括英国、美国、加拿大、澳大利亚等国家的历史。

2. 英美等国的艺术

这一部分的主要内容包括英国和美国以及世界其他英语国家的美术史、建筑史、音乐史和舞蹈史等。

3. 英美等国的文学

这一部分的主要内容包括英国文学、美国文学以及世界其他英语国家的文学。

4. 英美等国的哲学

这一部分的主要内容包括英国和美国的重要哲学、逻辑学思想以及世界其他英语国家的哲学思想。

5. 英美等国的科学技术

这一部分的主要内容包括英美国家的科学技术发展水平以及世界科学技术发展简史。

6. 英美等国的价值观念

这一部分的主要内容包括英美国家的代表性价值观念和思维方式、伦理道德以及世界其他英语国家的价值观念。

（二）制度文化教学内容

1. 英美政治制度

这一部分的主要内容包括英国现行政治制度及其特征，美国现行政治制度及其特征。

2. 英美经济制度

这一部分的主要内容包括英国现行经济制度及其特征，美国现行经济制度及其特征。

3. 英美法律制度

这一部分的主要内容包括英国现行法律制度及其特征，美国现行法律制度及其特征。

4. 英美风俗习惯

这一部分的主要内容包括英美传统节日、生活方式、生产方式等风俗习惯。

5.英美社交礼仪

这一部分的主要内容包括英美餐桌礼仪、职场礼仪、外交礼仪等社交礼仪。

（三）物质文化教学内容

此部分以英美饮食文化和英美服饰文化为例进行详细介绍。

1.英美饮食文化

（1）饮食观念。英美国家对饮食是非常重视的，但其在饮食上的观念与中国相差甚远。对于西方人来说，饮食是人类生存的必要手段，也是促进人际关系的交际手段，因此即使食物比较单调，味道不是特别好，为了生存，他们也可以吃下去。英美国家还认为饮食是保持身体健康的重要手段，所以他们对食物营养的关心要大于对食物味道的关心。也就是说，英美国家更重视食物的营养成分和饮食上的营养搭配，注重食物能否被人体吸收。这是西方人理性饮食观的体现。

（2）饮食程序。英美国家的饮食由于追求保持食物原材料的风味和营养，且他们吃饭的目的在于生存和交际，因此他们的饮食烹饪程序经常按照统一的标准进行。相较于中国饮食的调料和做饭程序，西方的菜谱整体上更加科学和精确，他们会精确掌控烹饪的时间和调料的比例、数量，这样做出来的食物可以最大限度保留食物原来的味道，也正因为如此，不同的厨师可以做出相同味道的菜肴。

（3）饮食对象。因为英美国家大多以畜牧业为主要的生产方式，种植业较少，因此他们的饮食构成中奶制品和肉制品所占的比重较大，谷物类农作物是辅助食物。英美国家的饮食往往是高热量、高脂肪的，但他们也比较注重食材本来的味道，因此西方人的食材虽然比较有营养，但他们的制作方式比较单一，调味品比较少，他们这样吃的目的不在于享受美食，而在于保持生存和身体健康。

（4）饮食习惯。西方人用餐的目的在于生存和交际，因此他们吃饭时一般是分餐制，分餐时用公勺、公筷，每个人根据自己的喜好、需要添加食物。他们十分喜欢吃自助餐，自助餐的场馆一般布置得十分优雅、温馨，食物按照种类依次排开，人们吃多少取多少，更可以随意走动、互相交流。英美国家的这种饮食习惯体现了他们尊重个体、注重形式与结构的民族心理。

（5）饮食环境。根据上文可知，英美国家人们的主要饮食对象是肉类，又实行分食制，因此刀叉是他们的主要餐具。他们在宴请宾客时，会营造出一种安静、优雅的氛围。在宴会期间，人们吃饭时不高声谈笑，切割食物、咀嚼食物时不发出声音，这给人一种文雅、雅致的感觉。同时，他们在敬酒时多举杯示意，不会碰杯，也不会劝酒。

2.英美服饰文化

（1）服饰颜色：崇尚白色和紫色。自古罗马时期，西方人就开始崇尚白色和紫色。在西方人的观念里，白色是纯洁、高雅、正直的象征。西方神话中的天使就穿着白色的服饰，长着洁白的翅膀；西方人结婚时，新娘会穿上白色的婚纱，手捧白色的鲜花，这些都象征着婚姻的圣洁。除了白色之外，紫色也是西方人崇尚的颜色，且尤其为西方贵族所喜爱。

（2）着装观念：开放自我。由于西方人重视展现自我，强调人的个性的发展，因此他们在服饰上讲究追求自我、体现自我的态度和喜好。即使是传统的西方服饰，也彰显出人的身材特征。例如：男士的服装剪裁要特别凸显胸部和肩部的宽厚可靠，以及凸显腿部的长度和挺拔，因为这是男性风范的体现；女士的服装要凸显女性特有的曲线型身材，要求突出胸部，勒紧腰身，扩张臀部，因为这些都是女性魅力的体现。发展到现代，西方人更重视彰显自我、凸显个性，因此人们可以清楚地从一个人的服装、配饰方面了解一个人的个性特征和喜好。

（3）审美基调：西式荒诞审美观。在人们看来，"荒诞"是一种与传统审美标准大相径庭的形式表现，是不符合常规的一种行为观念。西式的荒诞与中国的和谐是正好相反的，和谐给人带来一种舒适、享受的感觉，和谐之美是人们对服饰之美的最高标准和永恒追求。具体而言，西方国家在追求和谐美的过程中进入了不断重复的境地，这时亟须一种新的表现形式来改变这种状态，而荒诞恰好就是这样一种形式。

西方服饰的荒诞风格最早出现于哥特时期，之后出现的文艺复兴风格、洛可可风格也是荒诞审美的延续。但直到美学上的存在主义出现之后，人们才真正将荒诞风格作为一种美来呈现。荒诞是一种为了表现而表现的意识，荒诞风格中添加了很多形式感的要素，并通过这些要素营造出荒诞美的氛围。

从 20 世纪 60 年代以来，西方男士受荒诞审美观的影响，对服饰风格的追求不再是具有阳刚之气与挺拔精神，而是充满柔性与颓废的因素。发展到 20 世纪 70 年代，一种更具有叛逆风格的朋克风、海盗风出现，再次冲击了传统的服饰风格。这些独特的造型和款式充分体现出了人们的荒诞审美意识，同时充分发挥了人们的想象力与创造力。

到了 20 世纪 80 年代，后现代主义风格宣扬的冲突、凌乱等主题在年轻人之间掀起了一阵文身和颓废造型的风潮。发展到 20 世纪 90 年代，服饰的荒诞审美风格受全球一体化和文化多元化的影响也呈现出多元化的特征，荒诞风格越来越成熟，其越来越会利用和融合不同形式的美。

（4）代表服饰：西装和西式长裙。西装诞生于 17 世纪的欧洲，发展到现在已经在全世界范围内推广开来，一般男士出席正式的场合会穿西装。西装备受人们的喜爱，这主要是因为西装具有端庄、整洁的特征，而且不挑年龄。西装在面料和色彩上与唐装也有较大的差别。在面料上，古代欧洲人会选择亚麻布或者半毛织物；在颜色上，他们会选择白色与紫色，但自欧洲文艺复兴运动以来，人们开始选择更明亮、奢华的颜色，如丁香色、天蓝色。而西式长裙最大的特点就是能够彰显女性的身材美。长裙通过凸显女性身体各部位的反差强化了女性身体的凹凸有致，体现了西方人的浪漫主义情怀。西式长裙的结构十分复杂，其能够对身体的面积和长度进行延伸,如西式晚礼服、婚纱等。发展到新古典主义时期,西式长裙变得更加轻、薄,领口宽且低,腰线也改到胸部以下,这样不仅可以凸显丰满的上围,还能调整身材比例,具有拉长腿部的功效。

总而言之,在英语跨文化教学活动中,英语教师应该以系统性、全面性为原则选择和设计教学内容,以增加学生的知识积累,培养和提高学生的跨文化交际能力。具体到课堂教学实践中,英语教师应结合语言教学的内容设计跨文化教学的内容。

第五节　英语跨文化教学的方法

开展英语跨文化教学可以采用的方法有传统教师讲解法、情境教学法和自主学习教学法等。其中,传统教师讲解法主要依靠英语教师搜集、整理英语文化资料,然后通过口头讲解或结合图片、视频等资料向学生介绍的方法进行,这种方法的优点是能帮助学生在短时间内快速积累大量英语文化知识,缺点是教师与学生的互动较少,不容易激发学生学习的兴趣。由于在多元文化背景下开展英语跨文化教学的目的不仅可以增加学生的文化知识储备,还可以培养学生的英语综合运用能力、跨文化交际能力以及帮助学生树立正确的文化意识,发展学生的整体素质和健全人格,因此本书认为情境教学法、交际教学法和自主学习教学法更适合英语跨文化教学活动的设计和开展。

一、情境教学法

(一)基本定义

情境教学法的核心不是培养学生的书面语能力,而是激发学生的情感,使学生能在复杂多变的跨文化交际情境中充分发挥主观能动性,做出正确的判断,以及灵活应对各种交际语言。在教学过程中,教师会根据教材内容充分利用图片、实物、电子影像等并结合学生的身心特点设计并开展教学活动。

使用情境教学法开展文化教学的基本步骤有三个，即设置教学情境，学习目的语语言和文化；以培养听说能力为主反复开展练习；布置适量书面练习题，巩固语言结构认知和文化认知。

在情境教学法中，教师主要是用英语组织教学活动，向学生讲解语言知识和布置作业，所以教师要保证自己的英语表达是标准的、正确的，这样才能给学生树立好学习的榜样。如果碰到一些用英语难以解释的语言知识，教师也可以适当使用母语进行讲解，但教师应要求学生尽量使用英语对话或提问。

（二）教学原则

1. 自主性原则

此处的自主性原则主要包括两个方面的内容。

一方面是指情境教学法的实施需要师生之间保持良好的教与学的关系。良好的师生关系是开展情境教学的基础保证。因为情境教学的设定就是模仿实际的交际情况，只有教师和学生之间互相尊重、互相理解、互相信任，才能设定模仿真实交际情况的教学情境，教师才能引导学生进入教学情境。这意味着教师必须了解学生对学习外语的想法和需求，学生也要学会理解教师的教学目的，积极响应教师的引导。

另一方面是指学生在教学活动开展的过程中要保持主体地位。学生需要在具体的教学过程中保持主体地位是因为情境教学法的根本教学目的是培养学生的独立意识和自我评价能力。要坚持这一原则，教师在教学过程中需要做到从学生的实际需求出发，使学生在学习语言的过程中体验交际的乐趣并保持快乐的心情。

2. 体验性原则

在使用情境教学法开展外语教学活动的过程中，教师要想办法根据教学内容设置恰当的教学情境，然后引导学生发现问题，使其依靠自身的能力去寻找问题的答案，并分辨、讨论答案的对错。这一原则是指教师要帮助学生树立"过程"与"结果"同样重要的观念，使学生在轻松愉快的氛围中体验学习、取得进步。

（三）情境设计

语言的产生和发展离不开特定的文化背景，人们的日常交际行为和社会发展离不开语言的使用，因此语言的学习应放在一定的社会文化情境中开展。根据现实交际情境提供的场景，学生可以激活原有的认知经验，并将新的知识与之前的认知经验联系起来，从而理解新的知识，将新知识融入原来的认知体系。因此，在英语教学活动中，教师要设计出能引导学生激活旧的认知经验，并积极参与新的交际对话中的真实情境。要设计出这样的真实情境，教师可以从以下几个方面入手。

1. 范例提供

由于理解和解决问题的前提是对问题有所了解并能够根据自己的经验建构解决问题的心理模型，而学生不可能对所有情境和问题都有经验，因此教师需要为学生提供相应的范例来填补学生的认知空缺，为问题的解决奠定基础。并且，为了培养学生灵活的认知能力和思维方式，教师提供的范例要包括解决问题的多种观点和思路，这样更有利于学生发散思维，发挥想象力和创造力。

2. 任务呈现

此处任务的呈现是指教师对学生学习任务的呈现。在情境教学法中，教师向学生呈现学习任务时，首先要注意向学生介绍任务问题发生的社会文化背景，帮助学生理解英语语言国家的历史、地理、社会组织结构、群体行为模式等文化知识；其次要尽可能用生动、有趣的语言呈现该问题；最后，教师要在呈现过程中为学生预留一些可操作的维度和空间，这些都是为了引导学生更快地融入情境中来，吸引学生积极参与回答问题。

3. 教师指导

建构主义理论认为学生是教学活动的中心，学生应主动建构知识意义，加工知识信息。而教师是整个教学活动的组织者、引导者，对学生建构知识意义起促进和帮助的作用，因此教学活动的每一个环节都离不开教师的精心设计、有效启发和组织管理，如果失去了教师的引导和管理，学生的建构行为就成为没有秩序的盲目探索，是无法获得成功的。在文化教学活动中，如果学生遇到不理解的与英语文化相关的知识内容，教师可以给予适当的解释和引导，帮助学生完成情境学习任务。

4. 信息资源

教师在进行情境设计的过程中，还需要确定学生所需信息的具体种类和数量，以建构问题模型，提出方法假设。教师需要为学生提供必需的信息资源，以开展情境布置。这些信息资源应是学生乐于接受的，并能帮助学生认识和解决问题的，具体而言应包括各种信息和知识，如文本、图片、实物、音频、视频、动画等以及通过其他手段能获取的各种相关文化知识资源。

5. 认知工具

由于学生的知识经验有限，感官输入信息的能力也有限，因此他们获取认知资源的途径也受到了限制。此时，学生就需要认知工具的帮助。认知工具是情境设计的重要辅助工具，具体是指那些支持和扩充学生思维过程的心智模式和设备。认知工具通常是可视化的智能信息处理软件，如专家系统、信息库等。这就要求学校教育教学部门在相关教学系统或信息库中植入文化教学的相关内容，以便于教师和学生获取。

二、交际教学法

（一）基本定义

交际教学法产生于 20 世纪 70 年代的欧洲国家，它的产生与当时的社会历史背景密切相关。在 20 世纪 60 年代，西方发达国家经济发展迅速，交通日益便利，不同国家和民族之间在政治、经济、文化等领域的沟通与交往日益频繁。在沟通与交往的过程中，语言不通成为主要的障碍。一些在本国学过外语的人到了国外也无法顺利开展交际活动，这严重影响了他们的生活和工作。在这种情况下，交际教学法应运而生。

交际教学法是一种以社会语言学和心理语言学理论为理论基础，以交际功能为大纲，以培养学习者的交际能力为目标的教学方法。此处的交际能力不仅仅指语言的沟通和对话能力，还包括不同场景下的应对能力，如如何运用语言及相关文化知识执行各项任务、获取交际信息、开展人际交往等。也就是说，在使用交际教学法开展教学活动的过程中，教师的注意力应放在如何引导学生使用语言完成交际任务、达到交际目的上，而不是只关注句子的结构或表达是否完全正确。

（二）教学应用

1. 设计交际行为

教师在使用交际教学法开展课堂教学时应设计突出语言功能特点的交际活动。设计这类交际活动的目的是鼓励学生尽可能利用已经掌握的目的语实现有效的交际，如交换信息、解决问题、传递情感。能突出语言功能特点的交际活动主要有以下三类。

（1）描述活动。描述活动是指教师让学生对具体的事物或者事件展开描述的教学活动。组织描述活动的目的在于促进学生以段落的形式运用目的语。例如：教师可以安排学生描述自己的家乡、自己的校园生活、自己身边的人、自己的兴趣爱好等。描述活动还有利于锻炼学生的逻辑思维能力和语言组织能力，而这些都可以帮助学生更好地参与交际活动，更好地表达自己的想法。

（2）猜词活动。学生参与言语交际活动的前提是其本身已经掌握了一定数量的句子和表达，教师可以组织猜词活动锻炼学生英语表达的能力。猜词活动的具体操作方法：首先，教师从全班学生中选出两位学生并让其中一位学生面向全班，另一位学生面向黑板；其次，请面向黑板的学生在黑板上写下一个刚学习过的词语；最后，全班学生举手示意，分别描述这个词语，并请那位面向全班的学生猜出这个单词是什么。在这个过程中，学生的口语会得到有效的锻炼。

（3）对话活动。一个人的交际能力在一定程度上表现为一个人进行简短对话、与他人互通情感的能力，这一能力具体又可表现为对各种话题发表评论和感受的能力。例如：学习者是否能针对天气、交通状况、体育赛事、日常生活等话题与他人展开无障碍的简单对话。这些简单的对话看上去意义不大，但却能帮助人们创造良好的社交氛围。

2. 评价交际能力

在英语教学活动中，以下三个方面的评价是相互联系、缺一不可的。教师只有对这三个方面都有所掌握，才能有效提高学生的文化得体意识，帮助学生更好地参与文化交际活动。

（1）对目的语得体性的评价。首先，学生对交际话题的选择决定了学生对目的语文化背景知识的掌握程度。例如：在中国汉语文化中，一个人的婚姻状况、年龄等话题一般是可以讨论的，这体现了人们之间的关心和热情。但在英语文化中，这些话题却因为涉及个人隐私被禁止讨论，如当一个中国人问外国人"How old are you?"时，就会被认为违反了英美文化中的言语行为准则，就是使用了不得体的语言。

（2）对目的语文化背景知识的评价。教师在培养学生交际能力的过程中，要对目的语文化背景知识进行介绍和讲授，这有助于学生掌握语言运用的得体性。因为一种语言的表达方式是否得体，从根本上来讲是由该语言背后的社会文化习俗决定的。

教师在考查和评价学生对目的语文化背景知识的掌握情况时，可以为学生呈现一个产生了文化误解的场景，这些文化误解很有可能导致交际障碍甚至交际冲突，因而教师可以让学生加以判断并进行纠正。如此一来，教师就可以了解和判断学生对该语言文化规则的掌握程度，并提供启发性的知识，引导学生了解和掌握目的语文化语境的交际规则和交际技巧。教师还可以引导学生对比目的语文化和母语文化的异同，进而加深学生对两种语言文化的印象，帮助学生掌握跨文化交际的技巧。

（3）对约定俗成语言掌握的评价。由于每一种语言都包含大量的约定俗成的语言形式和用法，因此即使学生说出的语言符合语法规范，但如果不符合约定俗成的用法，在交际过程中也会遇到信息传递的困难。例如：在问候语方面，英语常用"How are you?"而不用"Are you well?"在英美文化礼仪中，还有一些表示特定含义的俗语，如在邀请客人先于自己进入房间时要说"After you!"

三、自主学习教学法

（一）理论支撑

根据系统论的观点，人们可以从两个角度来认识和理解自主学习的概念，即既可以把自主学习理解成一种活动，也可以将其当作一种个人能力。具体分析，自主学习作为一种活动是动态的，是不断变化的，由其先后执行的程序和子过程或者说是活动机制构成；自主学习作为个体的一种能力来讲本身是一个比较稳定的系统，该系统有相对稳定的内部结构和构成成分，且作为一种能力来说，它的培养和形成需要经历较长的时间。理解自主学习的内在活动机制，可以为教师设计、指导具体的自主学习活动提供依据。本书选择了以下三种具有代表性的自主学习模型来阐述自主学习的内部构成和活动机制。

1. 班杜拉的自我调节理论

班杜拉（Bandura）是对个体的自我调节行为展开系统研究的第一位心理学家。20世纪90年代中后期，班杜拉提出了个体自我调节行为的三个过程，即自我观察、自我判断和自我反应。①班杜拉的理论研究得到了许多人的关注和认可，目前有很多从事自我学习研究的学者在班杜拉自我调节理论的基础上展开了对自主学习机制的深入探讨。

2. 麦考姆斯自主学习模型理论

麦考姆斯（MeCombs）是自主学习现象学派的代表人物之一。1989年，他在其论文《自主学习和学业成绩：一种现象学的观点》中提出了一个自主学习模型，该模型阐释了自我系统与自主学习的关系。麦考姆斯认为，自主学习能力是自我系统发展的结果。自我系统的构成成分和过程成分在自主学习过程中发挥了重要作用。自我系统不仅能激发学习者的学习动机，而且影响着自主学习中信息的加工和组织。因此，外界想要提升学生的自主学习能力，一方面要引导学生认识到自身所具有的能力，另一方面要训练学生具体的自我过程。

3. 查莫特的自主学习过程理论

查莫特（Chamot）是自主学习社会认知学派的代表人物之一，他通过学习和研究杜班纳的自我调节理论并以此为基础提出了自己的自主学习模型，并在后期补充了该模型的一些设计。他认为自主学习与其他学习的共同之处是它们的产生与发展都要受到自我、行为和环境三方面因素之间的相互作用；自主学习与其他学习类型的不同之处在于自主学习除了要基于外部的反馈对学习的外在表现和学习环境做出监控和调节外，还要充分发挥个体的主体性控制和调节自主学习的过程。查莫特将自主学习的过程分为三个阶段：计划阶段、行为表现阶段和反思阶段。其中，每个阶段又有自己独特的内部结构和过程。但自主学习最重要的是学习者要有主动学习的心态。②通常情况下，个体要实现自主学习需要具备两

---

① 班杜拉.自我效能：控制的实施 [M].缪小春，李凌，井世洁，等译.上海，华东师范大学出版社：228.

② O'MALLEY J M，CHAMOT A U. *Learning Strategies in Second Language Acquisition*[M].Cambridge：Cambridge University Press，1990：119-120.

个基本条件：一是树立自主学习、想要自我进步的意识，即学习者"想学"；二是学习者知道并理解学习的方法和策略，也就是"会学"。

（二）突出特征

自主学习教学法与被动学习教学法相比具有以下三个方面的特征。

1. 学习的主动性

个体的主动性表现为个体在不受外界因素影响的情况下自愿参加或从事某项工作或学习。个体的主动性是人的主体性的显著标志，具体分析，主动性又可分为个体行为的目的性、选择性和自我调节性等特点。

对于学生而言，个体的主动性体现在自主学习方面。自主学习是激发和维持学生学习主动性的重要方法和途径，自主学习强调通过培养学生强烈的学习动机和浓厚的学习兴趣促进学生主动参与学习、开展学习活动。除此之外，自主学习还强调学生能够有清晰的自我认知，能够根据自身的实际情况选择合适的学习内容，采取合理的学习方法，并在学习遇到困难时进行适时的自我调节。这种主动性是开展教学活动、引导学生掌握学习方法的理想目标，也是学生实现自主学习的必要保障。

2. 学习的创造性

创造性是学生主体性的另一种体现，也是自主学习的本质特征。之所以说创造性是自主学习的本质特征是因为自主学习是学生在自己已有的知识经验的基础上进行的理解和学习，是赋予所学知识以个人定义和意义的过程，是一种创造性的学习。自主学习强调学习的过程是对新信息进行意义建构的过程，也是对原有经验进行改造的过程，因为新知识的输入可能会改变原有的知识结构或认知定义，学习者只有不断刷新自己的认知系统，才能不断充实自己，才能掌握更多的知识，并尝试把知识变为可以利用的资源。

3. 学习的自主性

与传统的被动学习相比，学生在自主学习的过程中有更多进行独立学习、探究的机会；有更多的时间和空间独立思考问题、提出问题、探究问题和解决问题；学生还能根据自己的学习习惯、学习需求和学习环境选择适合自己的学习内容和更有效的学习方法，把控自己的学习过程，更具创造性地解决学习中的问题。

（三）教学应用

在高校英语跨文化教学过程中采用自主学习教学法的应用主要体现在英语教师通过组织教学和激励教学的具体操作激发学生学习英语文化知识的积极性与主动性，进而引导学生掌握一定的文化学习方法，最终实现学生对英语文化知识的自主学习、系统掌握和实践应用。

1.组织教学

课堂组织是实现教学目标、完成教学任务的一个主要因素。任何教学活动缺乏了教师的有效组织都不能达到应有的效果。因此，英语教师必须掌握一定的教学技巧和教学能力，及时地发现课堂问题、安排课堂活动，保证课堂教学的顺利进行。在开展文化课堂教学的过程中，教师的首要任务就是创造出有利于学生自主学习英语文化的环境和条件。

人本主义理论的运用使学生成为课堂的主体，教师的角色也随之发生变化，教师成为课堂教学活动的组织者、控制者、检测者、启发者、参与者和信息源。对于教师而言，课堂组织要选择适当的交互模式，课堂内的交互活动是教学活动的载体。交互活动决定着学生的参与程度。交互模式是否得当、运用是否合理等都会直接影响课堂的组织效果。课堂活动的互动方式一般分为四种：班级、小组、同伴、个人，但不管采用什么方式，都应尽可能地让所有学生参与教学活动，这也是提高学生学习英语文化知识兴趣的重要途径。

例如：在进行英语跨文化教学的实践过程中，英语教师可采用合班的形式将两个班的学生合为一班，然后在多媒体教室进行统一授课。教师的当面讲授结合课前准备的教学课件，通过文本、图像、动画、视频等呈现方式突出教学内容的重点，在有限的时间内为学生提供了广泛而又充足的文化知识，既可以增加课堂的教学容量，又可以扩大学生的知识面，刺激学生的感官，使学生活跃思维，从而增强学生的记忆，提高学生的学习效果。

2. 激励教学

根据相关研究，动机在影响第二语言习得的主要因素中占 33% 的比例。所谓动机，就是对某种活动有明确的目的性，以及为达到该目标而做出一定的努力。对于第二语言学习者来说，想要学好英语文化知识，提高自身的文化素养和跨文化交际能力，首先要有强烈的学习愿望，继而产生学习的动力，最后付诸行动。在我国，学生是第二语言学习者的主力军，部分学生更加重视英语语言知识和技能的学习，忽视了对英语语言文化的理解和掌握。

在高校学生中，有相当一部分人的学习动机是短期的、外在的被动性动机，许多学生虽然也能意识到学习英语文化的重要意义，但由于缺乏内在的、深层次的主动性动机，所以他们在平时学习英语文化时并不努力，对自己的英语综合应用能力和跨文化交际能力也没有很高的要求。他们在学习英语文化的过程中遇到困难不是想办法克服困难、战胜困难，而是选择避而不见，选择放弃学习。因此，如何培养和激发高校学生英语文化的学习动机是英语教师面临的一项重要任务。

要培养和激发高校学生的英语文化学习动机，首先要了解动机的概念。事实上，动机的概念由三方面的因素组成，即动机的内在需求、外在诱因与自我调节作用。具体分析，动机就是在自我调节功能的作用下，协调自身的内在需求与行为的外在诱因，从而达到激发和维持行为动力因素的作用。

（1）内在需求的培养与激发。动机来源于学习者的内在需求，因此教师要从学生的内心世界出发唤醒他们学习的状态。例如：教师可以将学习者的内在需求与学习目标联系在一起，使学习者的基本需求状态转化为唤醒状态，进而使其形成具有一定能量和方向性的驱动力。驱动力是展开行为的直接动因。在实际的教学活动中，教师要引导学生通过仔细认知和理解自己的学习目标来加强学生的内部唤醒状态，进而提高其学习的内部驱动力水平。如果英语文化学习者能成功开发出这种学习动机，那么他们的英语文化学习就能持久，就不会轻易放弃，也正因为他们的内心深处对英语文化学习有坚定的想法，因此他们在学习过程中不容易受外界的干扰，比较能集中精力和注意力。对于英语教师而言，他们需要做的就是根据教学目标和教学内容搜集整理相关资料信息，为学生创设文化学习的语言情境，帮助学生扩展文化应用知识，不断激发学生的学习需求和学习兴趣。

（2）外在诱因的设置与运用。动机的外在诱因主要是指教师针对学生设置的行为目标和奖惩办法。教师在开展英语教学活动的过程中要根据学生个人的具体情况设置文化教学目标，教学目标的水平要高于学生现有的英语水平，既要让学生感到有挑战性又不宜过于困难，并且可以结合学生的学习目标设置，只有这样才能有效调动学生学习的积极性，让学生在完成目标的过程中体验成功的快乐，并使其成为自身长期学习目标奋斗的动机。在提高学习效果的方法中，表扬起到的作用要远远大于忽视、批评等否定形式起到的作用。因此，在教学活动中，教师要多关注那些自信心不足、害怕失败的学生，鼓励他们的学习能力和进步表现。虽然在教学过程中惩罚学生的目的是帮助学生克服学习过程中出现的注意力不集中和学习不努力的行为，但惩罚的行为往往会伤害学生的自尊心，使学生变得敏感，引起学生的不满，因而不适合经常使用。

（3）自我调节能力的培养。自我调节是连接和协调动机的内在需求与外部诱因的中介桥梁。因此，教师在开展教学活动中要对学生的学习效果有合理的预期，学生也要对自己的学习行为有合理的预期，并根据预期来调整自己的学习行为、学习目标和学习方法等，使学习的行为方案符合自己的内在需求；教师在教学过程中则需注意及时向学生反馈他们的学习效果，让学生时刻掌握自己的学习水平和进展情况，从而清楚自己的定位，调整自己的学习动机和学习目标。

（4）结果成败归因的训练。所谓归因，就是个体对自己或他人行为结果产生的解释或推论。在开展学习活动的过程中，每个学生都会体会自己的学习行为带来的成功或失败，也能用各种理由解释自己的成功或失败。归因判断是否得当，直接影响学生的学习心态和自我能力判断的好坏。如果学生把失败归因于学习方法不当、努力程度不够时，那么他们就会尝试改变学习方法或者更加努力地学习；如果学生把失败归因于自己的学习能力和学习智商，那么他们可能就会对自己失去信心。

因此，英语教师要让学生对自己的学习能力和学习智商具有充分的自信，指导学生总结学习成功或失败的经验教训，成功的经验值得表扬和继续坚持，失败的经验也十分宝贵，要引导学生客观评价失败的原因并吸取经验教训，争取下一次不会犯同样的错误，培养学生良好的归因心理。通过这种训练，改变学生的归因方式和分析问题的角度，从而提升学生学习英语文化知识的自信心与积极性。

第四章 英语教学模式认知

第一节 英语教学模式的内涵

一、教学模式概述

（一）教学模式的概念界定

1972 年，美国学者乔伊斯（Joyce）、韦尔（Weil）在《教学模式》一书中首次提出了"教学模式"的概念，并总结归纳了当时流行的 25 种教学模式，将这些教学模式划分为四大范畴，即社会型教学模式、信息加工型教学模式、行为系统型教学模式和个人型教学模式。此外，乔伊斯、韦尔还提出他们研究教学模式的目的是系统地探讨教学策略、教学目的、教学材料、课程设计以及社会与心理间的相互影响，以设法对使教师行为模式化的各种具有选择性的类型进行考查。受他们的影响，很多研究者开始将教学模式作为自己的研究对象，其中部分研究者还将自己的研究成果公开发表或出版；美国很多高校也开设了与教学模式相关的课程；一些心理学家也对教学模式做了专门的讨论。

我国在 1984 年以后开始研究教学模式，不同领域的学者根据自己的见解对教学模式进行了界定，迄今为止，还未形成一个统一的说法。在教育学专业领域，有些学者认为教学模式属于一种特殊的教学手段，也有一些学者认为教学模式是与特定教学任务相关的教学程序与方法的体系。下面是部分学者对教学模式的定义。

张正东、杜培俸认为，"教学模式是由理论支持的教学活动的操作框架，它可能根据一定的教学理论构成，也可能根据实践经验构成。"①

隋铭才认为，"英语教学模式是对语言教学理论或与英语教学过程各个主要因素本质及相互关系等的形象化阐释。"②

李定仁认为，"教学模式是根据教学规律、教学思想而形成的在教学中必须遵循的稳固的教学程序与方法的策略体系，其包含教学过程中各个要素的组合形式、教学程序及其他与之相关的策略。"③

在上述定义中，本书更倾向于李定仁的看法。这主要是出于两方面的考虑。首先，教学模式不仅应反映相关教学理论、教学思想，还要符合教学工作开展的客观规律。因为如果教学模式与教学的客观实际不相符，那么该教学模式就不具有应用价值。其次，李定仁还吸收了其他学者认为教学模式是"教学程序及其方法的策略体系"这一观点，并指出了策略体系包含的内容。这主要是因为将教师、学生、教学材料、教学手段等融为一体的教学模式更具有操作性和直观性。

（二）教学模式的结构分析

分析上述定义可知，不同学者对教学模式概念的理解不同，但他们对当前教学模式的结构认知没有太多分歧，只是在表述上略有差异。本书参照李定仁对教学模式的结构分析，将教学模式结构分为六部分：教学理论、教学目标、教学条件、操作程序、师生结合、教学评价（图

---

① 张正东，杜培俸 . 外语立体化教学法的原理与模式 [M]. 北京：科学出版社，1999：279.

② 隋铭才 . 英语教学论 [M]. 南宁：广西教育出版社，2001：222.

③ 李定仁 . 教学思想发展史略 [M]. 兰州：甘肃教育出版社，2004：271.

4-1）。这六部分之间的关系不是相互独立的，而是相互关联、相互影响的。

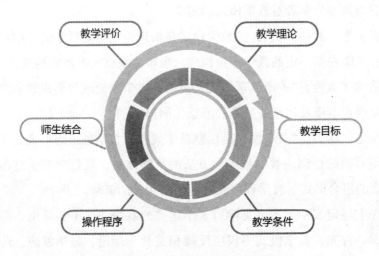

图 4-1　教学模式的六大结构

1. 教学理论

所有的教学模式都是建立在一定的教学理论或教学理念基础上的。有些教学模式虽然在形成初期没有明确的理论指导，但在对教学经验进行研究、分析和概括时，总是会需要一定的指导思想。

2. 教学目标

教学模式的制定都会指向相应的教学目标，教学模式的实施也是为了实现某些特定的教学目标。例如：参与式教学模式的目标是为学生提供平等、自由的学习环境，通过主体参与，让学生有机会在良好的学习氛围中探索问题、分析问题、解决问题、完成学习任务，最终使其达到提高学习能力、促进自身全面发展的教学目的。

3. 教学条件

教学条件是指根据一定的教学目标，帮助教学模式发挥作用的各种条件。任何一种教学模式想要达到预期的教学效果都要依靠一定的教学条件。教学条件涉及多个层面的内容，包括教学环境、教学媒介、教学材料、教学时空、教师、学习者等。例如：网络课程教学模式的实施就需要网络技术和相应设备等教学条件的支持。

4. 操作程序

操作程序是根据教学活动的逻辑步骤、实践序列展开的。不同的教学模式，操作程序也各有特点。因此，操作程序是教学模式得以存在的重要条件。

5. 师生组合

教学活动是教师和学生共同参与的统一活动，既包括教师的讲授也包括学生的学习。教师和学生在活动中扮演着不同的角色，发挥着各自的作用，教学模式不同，师生组合的形式也不同。例如：在参与式教学模式中，教师是学生学习活动的指导者、辅助者、监督者和管理者，其扮演的角色是对学生的学习行为进行引导、答疑、监督和管理，而学生扮演的角色是学习活动的参与者、学习问题的探究者和解决者。

6. 教学评价

教学评价是教学模式的重要组成内容，主要包含评价标准和评价方法。教学目标、教学条件和操作程序不同，评价标准和评价方法也不一样。例如：卡尔·罗杰斯（Carl Rogers）的非指导性教学模式是帮助学生实现个人综合的自我鉴定，教学的学习评价主要是学生的自我评价，这种自我评价能帮助学生对自己的学习行为负责，从而更加积极主动地参与学习活动。

二、英语教学模式的内涵探索

（一）英语教学模式的概念界定

英语是国际上的通用语言之一，也是当今世界上使用范围最广的语言，因此世界大多数国家的高等学府、大学院校开设了英语专业课程。

仅仅在中国，就有超过一百所大学设有英语专业或英语相关专业课程，如英语教育、商务英语、英语翻译、英语口译等。我国众多高校开展英语教学的重要意义不仅在于紧跟时代发展的潮流，更在于促进国家的发展和国际上的交流与合作。

英语教学模式是英语教学不可缺少的组成部分，也是众多学者研究的对象。结合上文对教学模式的概念界定，本书将英语教学模式定义为在一定教学理论、教学理念指导下，或者以英语教学实践为基础，为实现某些特定教学目标而形成的稳固的教学程序及方法的策略体系，包括教学过程中各个要素的组合方式、教学程序及与之对应的教学策略。

（二）英语教学模式构建的视角

近年来，我国英语教学界的学者一直在探索适合中国国情的教学模式，他们对教学模式的研究涵盖了小学、初中、高中和大学等层面，这些教学模式有些是针对英语某项知识技能的教学开发出来的，如"问题式"英语阅读教学模式、英语语篇教学模式；有些是根据学生的学习需求开发出来的，如高中英语逆向教学模式、"三位一体"大学英语整体教学模式；等等。虽然上述英语教学模式的研究呈现出零散的特点，但总体上教学模式建构的视角有以下四个。

1. 理论视角

理论视角下的教学模式是在教学实践中形成的一种有关如何设计和组织教学的理论，并以简约的形式表达出来。

2. 结构视角

结构视角下的教学模式是在一定教学理论或理念指导下建立起来的各种类型的教学活动的基本结构或框架。

3. 程序视角

程序视角下的教学模式是在一定教学理论指导下建立起来的、能够完成教学任务的、相对稳固的教学程序及实施方法的策略体系。

4.方法视角

常规的教学方法俗称小方法，教学模式称为大方法。

（三）英语教学模式的程序设计

在实际的英语课堂教学中，不同的英语教师会根据实际的教学情况和自身的教学能力选择不同的教学模式，且他们一般不会只采用一种教学模式来开展教学活动，因此一般不说某位教师采用了某种教学模式，但是却可以发现教学模式中五种常用的程序设计，分别是翻译式、听说式、答疑式、网络式和交际式。

其中，翻译式是指在英语教学中，教师使用母语系统讲授教学内容，帮助学生掌握英语词汇知识和语法规则；听说式强调用有限数量的句型来描述英语句子的语法规则和使用方法，引导学生在学习英语的过程中养成良好的语言学习习惯；答疑式是指教师提前搜集和整理学生在学习过程中遇到的问题，然后在课堂上就学生提出的共性问题、重难点问题组织讨论或进行深入的讲解；网络式要求教师和学生共同整理和归纳有共性、有意义的知识点，然后由教师引导学生通过分析它们之间的联系把新旧知识融合在一起，形成合理的知识结构；交际式是指教师选择一个语言功能项目，并设置一定的交际话题，引导学生为获取一定的交际信息而模拟交际的过程。

第二节 功能型英语教学模式

功能型英语教学模式更加关注教学的功能取向，下面详细介绍不同学者对功能取向下的英语教学模式的理解。

一、斯特恩功能型英语教学模式

在斯特恩（Stern）看来，与结构派相比，功能派更强调语言使用者的社会因素和环境因素，将功能派观点应用到语言研究方向上，则主要在语义学、话语分析、社会语言学以及交往人类学等方面均有所体现。于教育教学而言，将交际看作教学内容本身的功能派主要有两大观点，即"功能分析"和"功能大纲"，前者具有明显的分析性，后者则是整体性和非分析性的。在教育教学发展过程中，功能分析对教学的诸多方面有影响，如教学大纲的制定、教材的开发、教学方法的选择与应用。下面通过几个例子来说明功能分析对语言教学产生的影响：威尔金斯（Wilkins）曾提出了意念大纲这一概念，这促进了欧洲委员会现代语言项目的开展；威顿逊（Widdowson）提出交际语言教学法重视语言的"使用"而不是"用法"；门比（Munby）提出特殊目的语言教学项目内容鉴定模式。

斯特恩认为，在语言教学课堂上，要保证活动的开展是标准的，就应满足以下四个条件：第一，与讲目的语的人进行接触；第二，要找机会融入目的语环境；第三，要在课堂中尽可能创设真实使用语言的情境；第四，教学活动应有学习者的参与。在我国英语实际教学中，要同时满足这四个条件存在一定的难度，尤其是将讲目的语的人引入课堂。但是，我国的英语教学可以借鉴和吸纳这些条件所蕴含的精神，并利用这些精神来进一步优化课堂教学，具体可以从以下几点开展：第一，充分利用语言课堂的教学行为；第二，尽可能选择与学生日常生活相关的话题并组织学生展开讨论；第三，尽可能选择对学生有教育意义的话题；第四，为了提高学生的交际能力，使其对目的语的应用把握更加准确，应设置合适的交际课堂练习。

总而言之，交际课堂教学的方式有很多种，但不论采取哪种教学方式，其目的都是使师生和生生之间通过有意义的讨论来提高学生的交际能力。交际教学法主张在语言使用的过程中使参与者学会语言的用法，至于采取怎样的教学方式，其并不没有过多的要求。

二、卡内尔功能型英语教学模式

自 20 世纪 60 年代起，人类对语言研究的重点逐渐发生转移，不再重点研究语言的形式和句法关系，转而开始研究语言的使用、语义和语言的社会功能。在语言教学方面，社会语言学做出了较大的贡献，即提出了交际能力这一概念。20 世纪 80 年代，加拿大的卡内尔（Canale）、斯温（Swain）在 *Applied Linguistics* 刊物上发表了长篇论文 "Theoretical bases of communicative approaches to second language teaching and testing"，系统总结了关于交际教学法理论的探讨与研究成果，并提出交际能力应由以下三个方面能力构成。

第一，掌握语法（grammatical competence），包括词汇、句法、语音等多方面的知识。

第二，掌握语言的社会功能（sociolinguistic competence），即在使用语言时应掌握的社会文化规则与语篇规则。

第三，使用策略（strategic competence），指的是为了保证交际能够顺利进行，需要采取的语言和非言语交际策略。随着社会的不断发展和交际教学法的不断完善，使用策略也得到了进一步的充实，包括如何开始对话、如何维持对话、怎样澄清事实、怎样结束对话等。

后来，卡内尔又对交际能力做了进一步研究，并将交际能力的构成框架做了适当的调整，语篇能力不再存在于掌握语言的社会功能层面，而是独立构成了交际能力的第四个层面。除此之外，卡内尔还对使用策略做了进一步拓展，他将提高交际有效性的各种方法纳入使用策略这一层面。

说到交际法，其最先在欧洲使用，当时是被作为一种典型的教学方法而使用的，交际法的教学大纲主要是以语言的功能项目为主。从交际法的诞生与使用产生的影响来看，该方法实际上并不是一种普通的教学方法，其在当时对国际语言教学产生了重大影响，进而逐渐形成了一场国际性的交际运动，并在不断发展的过程中逐渐形成了多元化局面。由于交际教学涉及多种理论，属于一个多种理论的联合体，因此人们很难对其内涵做出明确统一的界定。但是从整体来看，交际法主要包含两个观点：第一，外语学习者都有自己对外语特定的需要；第二，语言并不是单纯为了生成句子而存在，其更多的是为了表情达意，语言的主要功能是进行社会交际。

由以上分析可知，交际法的教学目的是使学生能够在特定的社会环境中正确使用外语，从而促使交际顺利进行。

卡内尔观点下的功能型教学模式在实施时应从以下三个方面展开（图 4-2）。

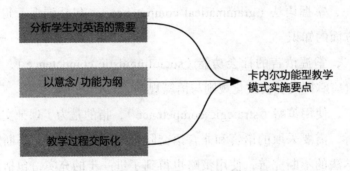

图 4-2　卡内尔功能型教学模式实施要点

（一）分析学生对英语的需要

分析学生对英语的需要是制定教学大纲的前提，只有分析学生对英语的需要，才能明确学生在学习上需要掌握怎样的语言功能和语言形式，才能知道学生需要什么样的文体。也正是因为了解学生对英语的需要对于功能型教学非常重要，因此"需要分析"已经成为一个独立的研究课题。

（二）以意念／功能为纲

交际法认为要想使学生真正具备交际能力，仅仅根据情境或语法使用来开展教学是远远不够的，教师还必须考虑学生的特殊需要。在交际法刚刚形成时，其主张通过将学生要表达的内容作为意念来确定教学内容，这里的意念是一种线索，这种以意念为线索形成的大纲叫作意念大纲，也被称为功能大纲。对于交际法而言，其核心思想就是以意念／功能为纲的思想。通常人们将交际法的教学大纲分为三个层面，即交际活动、语言功能和语言形式。

（三）教学过程交际化

一个完整的教学体系既包括教学大纲的制定、教材的编写，还包括教学活动的实施以及教学评价等。培养学生的交际能力需要在教学活动实施中完成，实际上，教学过程也是一个交际化的过程，这也是交际法的重要组成部分。教学过程交际化在很多方面有所体现。

第一，以话语为教学基本单位。教师在选择语言材料时应保证语言材料的真实性和自然性，以便学生更容易听懂和领悟。

第二，以学生为中心。教师在教学活动中应将学生放在主体地位，教师自身做教学活动的组织者和引导者，并通过组织学生参与各种活动使学生习得外语、掌握知识。

第三，教学活动以内容为中心。教学内容应多样化，并且教师在教学过程中应使用多种教学形式开展教学，如情景模拟、信息转换、扮演角色等。

第四，对学生的语言错误要及时纠正。在教学过程中，教师如果发现学生出现了语言错误，应及时予以纠正。需要注意的是，及时纠正并不意味着教师随时打断学生连续的语言表达活动，教师可以在学生语言表达结束后及时指出错误，并告诉其正确的语言应用。

通过以上分析可以发现，交际教学的核心就是关注学生的需求，教学的开展是以学生需求为出发点的，教学大纲的制定也是以学生需求为依据的。此外，教学过程中使用的教学资料也应尽可能真实。例如：教师可以将英文电影和电视片段引入教学中，也可以将人际交往中常用的语言带入课堂中，引导学生应用这些常用语进行对话等。

三、王才仁功能型英语教学模式

通过对国外功能型英语教学模式进行研究，王才仁结合我国英语教学的实际情况，提出了一个适合我国英语教学的综合模式，即英语教学交际模式。王才仁认为，在英语教学交际模式下，整个教学过程都应被看作交际过程，在这个过程中，教师与学生在不断进行着各种各样的交际。

王才仁功能型教学模式的核心环节主要包括以下几点。

第一，在教学活动中，教师与学生都是教学的主体，二者之间的不断交际构成了教学的整个过程。

第二，教学大纲的制定以及教学活动的实施受到社会环境的影响，并且社会环境对教师的教学起到一定的制约作用。

第三，教学大纲是由国家制定的，一经制定，学校不能私自对其进行修改，其是教师施教的依据。同时，科学的、良好的教学大纲对教材的编写以及使用具有一定的指导意义。

第四，编修人员在进行教材编写时，应综合融入听、说、读、写等内容，这些内容是教学信息的源泉。

第五，教师在教学过程中应向学生渗透三方面的信息，即语言信息、语用信息以及文化信息。

第六，教师和学生在教学过程中要对信息进行加工，其主要有外部加工和内容加工两种。外部加工指的是课堂活动，内部加工指的是大脑的活动。在教与学的过程中，外部加工与内部加工是相互作用、相互促进的关系。

第七，学生在学习过程中要对信息进行输出，输出主要是学生运用英语的能力。而教师通过学生的输出，能够及时了解自己的教学效果，发现教学中存在的问题，从而对教学做出适当的调整与修改。

在王才仁看来，此模式的实质实际上也是交际，并且交际是在教学过程中体现的。例如：在教学活动中，教师与学生的主体作用是通过活动来体现的；信息的输入与输出也是通过活动实现的。由此可以看出，在英语教学中，活动非常重要，其对更新教学观念、促进英语教学发展具有重要作用。

除此之外，教师在应用王才仁功能型英语教学模式时，需要遵循以下四个原则（图4-3）。

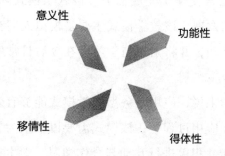

图4-3 王才仁功能型教学模式的应用原则

第一，意义性原则，指的是教学活动应是有意义的，能够提高教学质量、促进教学发展的。

第二，功能性原则，指的是教学应能够指导和促进教学的良性发展，强调教学要关注学生的个体需要，要根据学生表达的要求确定学习内容。

第三，得体性原则，指的是教师在教学活动中，针对不同的学生，在不同的教学环境下选择不同的表达方式。

第四，移情性原则，指的是学生在表达意思时要考虑目的语国家的文化风俗习惯。

第三节　任务型英语教学模式

一、任务型英语教学模式概述

任务型教学模式的核心就是任务，指的是教师在开展教学活动时，利用一定的引导语言使学生完成任务。该教学模式强调"在做中学"，属于交际教学法的发展。该教学模式主要是模拟人们在日常生活中运用语言从事的各类活动，并将语言与学习者在今后日常生活中的语言应用结合起来进行教学。

对于英语教学来说，应用任务型教学模式能够有效培养学生运用语言的能力。在实际应用过程中，该模式需要以学生为主体，教师应引导学生积极参与实践并积极进行互动与合作学习。学生在参与活动的过程中能够认识语言、运用语言，能够发现问题并找到解决问题的方法，从而掌握讲英语、用英语的技巧。

二、任务型教学模式的特点

任务型教学模式作为一种先进的教学理念，在以下六个方面具有一定的特点（图4-4）。

图4-4　任务型教学模式六大方面特点

（一）教学目标方面

在教学目标方面，教师除了使学生进行语言知识的学习外，还应将提高学生语言运用能力以及培养学生情感态度作为教学目标。在实际教学中，由于任务型教学模式需要在一个个情境中完成，因此该模式强调学生对语言的运用，而学生在完成任务的过程中常常需要小组合作完成，因此教师还应培养学生的合作意识。

（二）教学方式方面

任务型教学模式强调教学的开放性和参与性，即引导学生积极参与教学活动，鼓励学生与同组学生合作完成任务。因此，在使用该模式开展英语教学时，教师需要针对不同的教学内容设置不同类型的任务，如表演、采访等。多样化的教学方式能够充分调动学生学习的积极性，使学生更快更好地融入教学情境中，从而提高教学效率。

（三）教学内容方面

教学内容应真实、有意义。对于英语教学来说，教师在应用任务型教学模式时所选的教学内容应尽可能取材于日常生活，这样更能引起学生的共鸣，从而使学生在轻松的氛围中习得英语知识。

（四）教师角色方面

在任务型教学模式下，教师扮演的是组织者与引导者的角色，是任务的设计者和实施者。这就要求教师在教学过程中学会引导学生针对问题积极思考，帮助学生理解新知识，并使学生做好新旧知识的衔接。教师只有将课堂交给学生，才能真正贯彻以人为本的教学理念，促进学生的全面发展，进而提高教学效率。

（五）学生角色方面

在任务型教学模式下，学生是课堂的主体，学生是教学活动的中心。

在教师的组织与引导下，学生充分参与课堂活动，学习新知识，运用新知识。学生从传统教学模式下的被动接受知识转变为主动探索与获取知识，学生成为自我行为的监控者。

（六）评价方式方面

任务型教学模式强调教学评价既要对教学结果进行评价，又要对教学过程中学生的表现进行评价。因此，教师需要将教学目标细分为多个子目标，通过学生完成的一个个子目标的情况来对其实施评价，如此一来就将学生所学的知识和学习过程有效结合了起来，最后只需进行综合性评价即可。

三、任务型英语教学模式的实施原则

要想保证教学效果，教师在应用任务型英语教学模式进行教学时就必须遵循一定的教学原则，如图4-5所示。

图4-5 任务型教学模式教学原则

（一）语言、情境真实性原则

一方面，英语教学的语言材料应是真实的，最好是生活中常见的；另一方面，教师在制定教学任务时要结合教学的实际情况以及现实生活的需要进行，要为学生创设自然真实的情境，使其能够在真实的语境中感受语言、使用语言。

需要注意的是，有些非真实的材料如果应用在某项活动中能够促进学生语言能力的提高，那么这些材料也可以使用。总之，只要对学生英语学习有帮助，并且这些材料是科学的、正确的，那么就可以使用。

（二）阶梯性任务链原则

任务的设计应具有一定的阶梯性，即任务的难度应该由简单到复杂，从最初的任务到最后的任务应存在一定的关联性，并且任务是层层递进的，确保这些任务构成一条完整的任务链。学生与学生之间存在一定的个体差异，这些学生接受学习的能力不一，而教师在应用任务型教学模式时遵循阶梯性任务链的原则能够有效满足不同层次学生的需要，使他们找到适合自己的任务，可以确保每个学生都能在学习英语的过程中获得成就感，并使其保持学习的积极性。

除此之外，教师在对学生进行语言技能训练时，需要先输入语言材料，保证学生有扎实的知识基础，然后再输出经过逻辑思维加工的结论，从而保证得出的结论的准确性。对于英语教学来说，保持阶梯性就是要遵循先听、读，后说、写的教学顺序。

（三）在做中学原则

学生在完成教师布置的任务的过程中能够进一步内化语言知识，获得成就感。单纯依靠听讲是不能完全理解和消化知识的，学生需要自己动手动脑，积极主动地进行探索和研究，在做中学到新知识，并将其内化到自己已有的知识体系中。

（四）脚手架原则

脚手架原则最早是由美国教育家布鲁纳（Bruner）从建筑行业借用的一个专业术语。在教学中，教师可以把教学方法看作一个"脚手架"。

教师需要给予学生足够的人性关怀，要在教学活动中适当鼓励学生，给予肯定，使学生获得安全感和成就感，从而使其勇敢完成任务。

（五）可操作性原则

教师设计的任务应具有可操作性，同时需要注意避免环节过多、程序过于复杂的任务。这就要求教师必须在课前对课堂的教学内容做充分分析，围绕教学内容制定特定的交际目的和语言环境，使之在课堂教学活动中易操作，学生也易于在完成任务的过程中习得知识。

四、任务型英语教学模式的策略

（一）创设情境，营造自由和谐的学习氛围

轻松愉悦的学习氛围往往更容易激发学生的求知欲望，有利于提高学生的记忆力，促进教学工作的开展，因此教师在采用任务型英语教学模式时应为学生创设愉快的情感体验与和谐的学习环境。设计的问题应能够引导学生树立想学什么、要学什么的动机。同时，教师在学生完成任务的过程中应给予学生适当的引导与指导，以及一定的建议，鼓励学生大胆尝试，拉近与学生之间的距离，走进学生的内心，触摸学生的思想感情。学生在这样轻松自由的情境下完成任务，能够产生积极的学习效果。

（二）组织学生小组合作，激发学生的创新动力

小组合作学习就是以合作学习小组为基本形式，系统利用教学中动态因素之间的互动来促进学生的学习。在教学活动中，教师应结合教学目标与教学材料布置适合小组合作完成的任务，让学生在小组合作中学习他人的思维与能力，使学生在合作中大胆创新，培养学生的团队意识和竞争意识。在英语课堂中，教师应尽可能调动学生的嘴巴、手和大脑，让他们在小组合作中积极交流、积极动手与动脑，激发学生的潜能，形

成师生、生生相互影响、相互促进的教学局面。

（三）开展全面的教学评价

教学评价是对教学活动现实的或者潜在的价值做出判断的过程，于英语教学而言，开展教学评价实际上就是研究教师的教和学生的学的价值的过程。在应用型英语教学模式下进行教学评价能够对教师的教学效果进行有效反馈，有利于教师了解教学的不足，从而调整教学方案；通过教学评价还可以对学生起到监督与强化的作用，这是因为任务型教学活动必须有一个结果，教师要对这个结果进行定性与定量的综合评价，这种评价能够使学生产生一种完成任务的成就感，有利于进一步激发学生的学习动机，提高学生的学习积极性。

第四节 整体型英语教学模式

一、整体型英语教学模式概述

整体型英语教学模式也称全语教学模式，该模式认为语言具有整体性特征，其不能被分割成听、说、读、写等技能。将该理论应用到语句中则可以理解为，一段话中，词、短语和句子就像一件物品的零部件，每个零部件都有它独自的特性，但是这些零部件组合在一起，其整体意义通常则超过了每个部分加起来的总和。

整体型英语教学模式认为语言教学应综合考虑学生生活的多个方面，教学应尽可能满足学生的需要，包括习得知识的需要以及现实生活中交际的需要，使教学充分发挥价值，帮助学生解决生活中的现实问题。

整体型英语教学模式可以使课堂教学的主题从多个角度多层次地呈现，有利于强化学生的记忆，能够促使学生将旧知识与新知识结合起来，使学生在大脑中构建出新的知识框架，提高学生英语学习的效率。

王才仁认为"整体语言法"指的是将学语言和学习其他文化课结合起来，通过多科学习、综合学习来推进学生的发展，使学生既可以学习语言，又能够掌握更多的知识，即语言学习与其他学习互促互动。在他看来，每个学科之间都是有关联的，一个人如果汉语水平有限，那么他在学习英语时也很难有突出的成就，很难在英语交际中有卓越的表现。

二、整体型英语教学模式的意义

整体型英语教学模式认为语言是一个整体，知识学习也是一个整体，因此学生在日常生活和学习中也应对自身的行为进行统一调整。与传统教学相比，整体型英语教学模式的开放性更强，教学活动不再是由教师决定从部分到整体这一学习顺序，而是主张学生积极参与并遵循从整体到部分的教学过程。对于英语教师来说，其在进行整体型教学时需要注意四点内容：第一，教师需要采用一定的手段启发学生，使学生先看到整体，然后再逐步掌握教学内容；第二，每一模块的学习都应是有效的，要避免和杜绝无效的机械操练；第三，对于学生难理解的部分，教师可以先用母语解释清楚，然后再用英语进行师生间的交流和互动，以加强日常交际活动的联系；第四，教师要同时重视口语和书面语的教学，以便学生能够更透彻地理解和掌握教学内容。

三、整体型英语教学模式的应用策略

（一）旧纳入新，融新于旧，更新认知结构

教师在进行英语教学时如果不注重新旧知识的联系，很可能导致学生对知识的掌握不够系统化，因此教师在应用整体型英语教学模式时应加强对新旧知识融合的重视，引导学生将旧知识纳入新的知识结构中。该思想从心理学的角度可以理解为，教学要充分发挥同化和顺化作用，进而使学生从整体上建立新的认知结构。

（二）由点到面，点面结合，完善认知结构

零碎的知识不是一个整体，也就无法发挥整体性功能。于学生而言，学习知识是一个循序渐进、逐渐积累的过程，自身掌握的知识是由无到有、由少到多的，换句话说就是由点到面的，即通过不断对知识结构进行完善，最终形成系统的知识结构。在英语教材中，各种知识的出现也是呈序列化的，因此教师可以利用"纲要图示"的方法，即采取勾画知识树或绘制图表等形式将每一点知识在特定的组织下形成知识系统，从而达到学生既见树木、又见森林的效果。

（三）融读于写，以写助读，促进读写结合

要提高学生英语综合能力，单独强化阅读教学或读写教学是远远不够的，阅读教学和写作教学应同步进行，融读于写，同时在阅读教学中渗透作文教学，促使学生更好地理解语言并进行语言表达。

第五节　认知型英语教学模式

关于认知语境的定义目前还没有统一的说法，但是从英语教学的角度来看，本书认为认知语境指的是话语的上下文、现实情景、文化背景被人们以体验或经验的方式所感受到，并通过信息加工和心理构造而储存在头脑中的组合体。在生活中，当交际出现时，认知语境就会在大脑中被激活，其会自动转化为现实中的语境，我们将其称作即时语境，由此便可以使交际更加通畅，也能够更好地实现信息的传递与接收。

认知语境下的英语教学提倡发挥学生的智力作用，强调学生要掌握语言规则，该教学模式对学生在学习中的情感因素关注度不大。该教学模式对应着多种教学方法，最典型的主要有以下几种（图4-6）。

图 4-6　认知型英语教学方法

一、直接法

直接法兴起于 19 世纪末 20 世纪初的西欧，该教学法的诞生使欧洲地区的经济得到了快速发展，也加快了该地区国际交往的步伐与频率，世界各国对外语人才的需求量显著增加。直接法的出现让人们进一步认识到了外语人才口头表达能力的重要性，在当时，很多教育家和语言学家都强调了口语和语音训练的重要性，并在一定程度上促进了外语教学的发展与改革。在直接法不断发展的过程中，直接法受到越来越多人的推崇，在 20 世纪初，该方法在国际外语教学中广为流传。

直接法非常重视口语训练，该方法在传授语法规则时主要使用演绎法，对于特别难懂的语法、句式，则用母语进行解释。在教学内容上，直接法更关注语言的句法结构，其主张通过句型来开展教学，较常用的手段是模仿，由此可以看出，直接法教学建立在语言结构基础之上。

通过以上分析可以归纳出直接法教学应遵循的五大原则，即直接联系原则、句本位原则、模仿为主原则、用归纳法教语法原则以及以口语为基础原则。

二、听说法

听说法教学相对于直接法教学来说发展得更为成熟，其内涵也更加丰富。该方法主要指通过多次强调和联系，使学生的听说能力得到显著提升。听说法具有四大特点：口语第一，听说优先；变换操练；严格控制，养成语言习惯；限制使用本族语。听说法强调句型的重要性，并主张在教学过程中要加强操练。

在英语教学过程中，使用听说法教学可以为学生提供一个良好的语言环境，学生在这样的环境中能够保持轻松愉悦的心情，能够有效激发自身参与口语交流的积极性，使自身养成良好的学习习惯。使用听说法进行教学通常需要按照以下步骤进行：认知、模仿、重复、变换、选择。

常见的听说法教学主要有两种模式，一种是 PWP 模式，另一种是3P 模式。

PWP 模式指的是 pre-listening（听前）、while-listening（听时）、post-listening（听后）。在听前，教师需要将播放资料提前准备好，并设置好需要提问的问题，做好背景知识的导入，并根据听力的难易程度整合教材中的听力题目，设置好听力材料的顺序。在听时，教师要逐段播放听力材料，每一小段对话播放完毕，应留出短暂的时间让学生思考。如果听力材料有一定的难度，则可以进行多次播放。听力播放结束后，教师要鼓励学生积极模仿听力中的语句进行听说练习和听写练习。

3P 模式指的是 presentation（演示）、practice（练习）、production（产出）。首先，教师需要通过解释、举例、角色扮演等方式向学生介绍新的语言项目，让学生了解本节课堂的教学内容。其次，教师应给予学生机会，让学生运用所学的知识进行课堂练习，在这个过程中，教师应把握节奏，从对学生的控制转为半控制状态，逐步增加学生的自主性。最后，教师应鼓励学生积极运用语言进行交际。

三、翻译法

翻译法的形成和发展与语言认知有着直接关系，翻译法从诞生以来就对英语教学产生了很大的影响。在翻译法中，影响力最大的是语法翻译法，下面进行详细论述。

语法翻译法指的是用母语翻译教授外语书面语的一种教学方法，即用语法讲解加翻译练习的方式来教学外语。语法翻译法具有以下几个典型特点。

　　第一，使用该方法开展教学的目的是培养学生阅读外语范文的能力，使其提高写作能力。

　　第二，语法是该教学方法的核心，主要是由教师进行讲解，并对句子成分和语法规则等进行分析；而词汇教学则多采用同义词、反义词对比的方法。

　　第三，母语译成外语的逐词翻译是教学的基本手段，外语知识的讲解、练习和巩固都可以采用翻译的方法。

　　第四，在课堂上，教师主要使用母语授课，并通过翻译检查教学质量。

第五章　跨文化交际背景下英语教学模式的改革

　　跨文化交际背景下的英语教学特别增设了跨文化交际课程来满足当前高校人才培养对跨文化教育的需求，特别是《大学英语教学指南（2020版）》明确提出各高校应开设大学英语跨文化交际课程，培养学生的跨文化意识，提高学生的跨文化交际能力以来，国内众多高校纷纷响应号召，开始开发和设计大学英语跨文化交际拓展课程的教学模式。但现实是，受传统英语教学模式的影响，大部分高校仍参照通用英语课程的教学模式来设计和安排大学英语的跨文化交际课程，这与《大学英语教学指南（2020版）》所倡导的增设跨文化交际课程的教学目标是不一样的。

　　之前通用英语课程的教学目标以培养学生的英语语言知识和技能为主，而跨文化交际课程既强调对学生英语语言技能的训练，又注重对学生语言文化知识的传授。原有的适用于通用英语课程的教学模式显然无法实现跨文化交际课程的双重教学目标，这主要是因为跨文化交际课程要求实现的跨文化知识的理解与应用、跨文化交际技能的提升必须以充足的文化学习时间、大量的技能培训机会以及学生的积极参与为前提，而这些都是传统的英语教学模式难以满足的。基于以上情况，高校英语教育工作者必须改革传统的英语教学模式，创新跨文化英语教学与课程设计的教学模式，寻求开展大学英语跨文化交际课程的有效方法。

第一节　跨文化交际背景下建构主义教学模式的构建

一、建构主义教学模式的内涵

建构主义本质上是对学习的一种比喻，即将学生的知识获得比作建筑或建构的过程。建构主义最早是由瑞士心理学家让·皮亚杰（Jcan Piaget）提出来的，皮亚杰主张给予学生资源丰富的情境教学，提倡采用真实案例或问题等内容作为教学设计的基础。

建构主义教学模式是在建构主义学习理论指导下建立起来的，是建构主义理论应用于课堂教学的一种教学模式。它提倡的是在教师指导下的以学生为中心的教学过程。也就是说，建构主义教学模式主张学生是信息加工的主体，是知识意义的建构者，教师不再只是知识的传授者，还是学生学习的组织者、引导者、促进者和帮助者。在建构主义的教学模式下，学生不再被动地接受知识，而是积极参与建构知识，突出学习主体性和主动性。建构主义教学模式下的学习环境包括情境、协作、会话和意义建构四大要素，这四大要素紧密联系、相互作用，共同形成了一个有机的整体，即传统意义上的"教学模式"。其中，建构主义教学模式特别强调情境对意义建构的重要作用，倡导学生要在一定的情境下进行学习，积极参与实践活动与情境互动。

二、建构主义教学模式在跨文化交际课程中的实施

跨文化交际课程本身就是一门实践性较强的课程，其强调学生主动参与实践，这与建构主义的理论不谋而合。因此，教师在跨文化教学中，应以建构主义理论为基础，创建轻松愉悦的课堂氛围，并采用符合学生实际学习状况的教学方法，以激发学生的主动学习意识，促进学生的自

我发展。目前，建构主义在跨文化交际的实际教学应用中主要有以下几种模式，如图 5-1 所示。

图 5-1　跨文化交际建构主义教学模式

（一）直观介绍模式

　　该模式能够体现建构主义教学的目的性和建构性。教师可以在跨文化交际的课堂中，利用直观的、现代化的教学手段，借助视频、PPT、图片等多媒体实施教学活动，通过学生的多感官体验帮助他们深刻理解教材内容，加深学习印象。例如：教师在对学生进行跨文化交际课程中非言语交际部分的教学时，可以先抛出一个问题让学生思考，如"我们是否可以从一个人的肢体语言中发现真相"？这种基于问题学习的教学方式是建构主义所提倡的，它能够有效激发学生思考的动力，锻炼学生的思维能力。随后，教师可以给学生播放美剧《别对我说谎》中的视频片段，该剧中莱特曼（Lightman）根据犯人的面部表情、肢体语言等可以推断出一定的信息，并最终获知真相。这种具有故事性质的案例对于学生来说具有一定的吸引力，可以激发学生对非言语交际产生浓厚的兴趣。之后，教师可以使用 PPT 向学生展示一些姿势、手势的图片，引导学生大胆猜测图片中的不同手势在不同国家中的含义并使其运用生动的语言、动作与表情将不同文化中的肢体语言形象化地表现出来，让学生对肢体语言中的文化内涵理解得更加深刻。总体来看，这种直观介绍的教学模式利用多媒体教学资源，能够将教学内容融入直观形象的教学情境中，充分调动学生参与交互学习的积极性，让学生在交互过程中完成对教学内容的理解、对知识的运用和对意义的建构，增强学生英语学习的能力，提高学生学习的效率。

（二）案例分析模式

该模式能够体现建构主义教学的真实性和建构性。建构主义强调"情境""协作""会话"对意义建构的重要作用，其中"情境"需要教师在教学过程中分析各种实际案例，这是学生进行学习活动的背景与前提。在真实的情境下，学生可以利用获得的学习资源，积极有效地对知识进行建构。教师可以在跨文化交际教学中，通过案例分析帮助学生学习相关概念和原理，训练学生独立思考、判断和处理问题的能力。例如：在教授不同文化中的年龄观这一内容时，教师可以从一个案例引发学生对不同文化中的年龄观的思考。教师可以引用英国纪录片《发现中国：美食之旅》中的片段作为案例，其中有一位英国华裔主持人询问一位满头白发的中国厨艺老师："老师，您几岁啦？"此时，教师引导学生思考这样的问法有何不妥。实际上，这一语义表达无误的问句并不符合汉语的表达习惯，人们在询问年纪较大的人的年龄时更习惯用"您高寿啊？"等说法以示尊敬。随后，教师再将问题引申到中西方不同年龄观的比较，如此一来，能够让学生对这类问题有更为深刻的认识，可以帮助学生用自己的经历经验来建构新信息的意义，在学习过程中进行新旧知识的有机结合，从而获得新的知识。

（三）对比分析模式

该模式能够体现建构主义教学的目的性、真实性和建构性。在跨文化交际教学中，教师可以运用对比分析中英文化差异的方法来培养学生的跨文化意识。中英文化中存在语言方面的差异，如汉语重意合、英语重形合，汉语常用人称、英语常用物称，这些语言差异都可以通过在教学中运用对比分析法来提高学生的理解能力。另外，对比分析模式也可以用于文化内涵词的教学中，让学生在学习新知识的过程中能够联想到已有的旧知识，并建构完善的知识体系。在跨文化交际教学中，教师可以采用对比分析法讲解对文化联想意义丰富的色彩词。例如：红色在中国有着"热烈、激情、幸福"等含义，"开门红""红火""红人"等词语都是这一含义的体现，但在英语中红色则有着"狂热、残忍、灾难"等联想意义，"see red"代表"愤怒"，"catch somebody red-handed"意为"当场抓获"，"red tape"指"官僚作风"等。在英语中，上述固定表达的短语都有着特定的文化联想意义，类似这种对比分析的例子能够有效帮助学生认识色彩词在中英文语义联想上的差异，使学生意识到文化内涵词在不同的文化语境中传递着不同的信息。总之，对比分析模式能够让学生在改造和重组原有经验的基础上主动构建新信息的意义，并使学生能够加工处理外部信息，对知识进行有效转换，进而获得跨文化交际的文化差异敏感性。

（四）实践活动模式

该模式主要体现建构主义教学的主动性和合作性。建构主义强调学习者的主动学习意识，要求学生能够在学习过程中积极主动地探索发现、主动地参与信息加工和主动地建构知识，在互相协作中建构全面的语言意义，完善和深化意义的建构。在跨文化交际教学中，教师可采用多种实践活动调动学生的主动性、合作性、创造性。例如：在课程开始之前，教师可以在学生自愿的前提下为学生分配小组，每组可由4～5名学生组成，并布置小组展示的任务，要求每组学生根据不同的讨论话题展示相关的资料或讨论结果，讨论话题可以是中西方校园文化、中西婚俗礼仪、中西方着装要求等内容。这种小组形式的实践活动能够培养学生的主动参与意识和相互合作能力，学生通过完成这样的学习任务，能够对中西方习俗和相关文化背景知识有更为全面的了解，从传统的知识被动接受者转变为主动的知识意义建构者。此外，教师还可以模拟现实生活情景，给学生布置角色扮演的任务，让学生在实践活动中学习知识。例如教师可以给出情境：假如去外国朋友家中做客，应如何使用预约、打电话、寒暄、吃饭、告别等跨文化交际日常用语。这种情境化的学习任务能够激发学生的学习兴趣，提高学生对文化知识的实际运用能力，增强学生的跨文化敏感性和跨文化交际能力。除上述两种活动形式之外，小组合作、结对活动、模拟讨论等课堂实践活动也可达到较好的教学效果，教师可根据实际教学情况选择应用。

从学生角度来看，在跨文化交际课程中采用基于建构主义的多元化教学模式，能够使学生加强与教师、同学的互动，使学生在一种轻松有趣的课堂氛围中学习新知识。学生不仅有更多的机会参与教学活动，充分发挥自身的积极性、主动性、创造性，还能有效实现对所学知识的意义建构，增强学习英语的兴趣。从教师的角度来看，在建构主义教学模式中，教师是教学活动的组织者、指导者、促进者和帮助者，其注重培养学生的内在动机和学习兴趣，鼓励学生充分发挥自身的积极性、主动性去探索发现新知识。因此，在跨文化交际教学中，灵活运用直观介绍模式、案例分析模式、对比分析模式和实践活动模式，能够体现建构主义教学模式的特点，符合学生的学习规律，能够激发学生对英语的学习兴趣，提高学生的跨文化交际能力。

第二节　跨文化交际背景下 BOPPPS 教学模式的构建

一、BOPPPS 教学模式的内涵

BOPPPS 教学模式是加拿大教学技能工作坊 Instructional Skills Workshop（ISW）推广的一种有效地将教学理论与教学实践融合在一起的课程设计模式，该模式强调"以学生为中心，以教师为主导"。整

个模式根据主要任务和意义的区别可以划分为六个阶段：导入（bridge-in）、目标（objective）、前测（pre-assessment）、参与式学习（participatory learning）、后测（post-assessment）和总结（summary）。关于这六个阶段的具体分析如下。

（一）导　入

作为 BOPPPS 教学模式开展的第一个阶段，导入的主要任务是吸引学生的注意力，帮助学生尽快进入学习状态，使其以饱满的热情完成接下来的学习任务。这一阶段的教学策略包括介绍课程学习目标，指出课程内容学习的意义，用与课程主题相关的问题引导学生等。例如：教师可以和学生分享与课程内容相关的故事或个人经历，或者给课程内容准备一个有吸引力的介绍，将学生已经掌握的知识内容和需要学习的新的内容联系在一起，从而激发学生的学习动机。

（二）目　标

作为 BOPPPS 教学模式开展的第二个阶段，教师应明确学生的学习目标，包括认知目标、情感目标、语言目标、技能目标、文化目标等各个方面。这些目标能帮助学生明确自己在特定学习阶段应该达到什么样的学习标准，如哪些内容了解即可，哪些内容应该重点掌握等。对于学习者来说，通常情况下，一个清楚的目标可以概括为 4 个 W，即谁（who）在什么样的条件下（under what condition）能学到什么（what）以及学到了什么程度（how well）。明确理解课程学习目标能调动学生学习的积极性和主动性，帮助他们养成自主学习、自律学习的好习惯。

（三）前　测

作为 BOPPPS 教学模式开展的第三个阶段，前测的主要作用在于帮助教师了解学生的基本情况，如学习方式、学习特点、学习需求、学习兴趣、基本能力等，并使其根据这些情况调整课程内容的深度和讲授的速度，而学生通过参加测试能坚定学习的目标并展示真实的自我。测试、家庭作业、非正式问答等是具体的测试手段。

（四）参与式学习

作为 BOPPPS 教学模式开展的第四个阶段，参与式学习主要是指教师与学生之间的互动以及学生与学生之间的互动。在开展参与式学习的过程中，教师要充分发挥自身的引导作用，组织学生分组讨论学习问题并及时给予帮助。例如：当学生对某一问题的看法出现分歧时，就需要教师参与讨论并给出意见。

（五）后 测

作为 BOPPPS 教学模式开展的第五个阶段，后测的重点在于运用各种检验手段评估以上教学环节是否实现了教学目标，学生是否已经根据指导掌握了课程内容。具体分析，在后测阶段中，教师可以采用评价表、技术评价、定性评价等多种评价方式判断教学目标的实现程度，进而根据评价结果调整授课方式。通常来说，测评基础知识内容可以采用多项选择或简答题的形式；测评应用分析课程可以采用安排解决问题的形式；测评技术课程可以采用填写检查表的形式；测评态度价值类课程可以采用填写态度量表或组织进行个人反思的形式。

（六）总 结

作为 BOPPPS 教学模式开展的最后一个阶段，总结的作用在于整理归纳授课内容，根据所学内容的重点布置课后任务并宣布下次的课程内容。教师在做总结的过程中应对学生优秀的课堂表现予以表扬并指出其在课后任务中需要完成的要点。

二、BOPPPS 教学模式在跨文化交际课程中的应用

BOPPPS 教学模式在跨文化交际课程中应用的要点在于将 BOPPPS

教学模式的理念应用于英语跨文化交际的课堂教学中，以提升学生的自主学习能力并强化课堂教学效果。根据 BOPPPS 教学模式的六个阶段，学者将整个跨文化交际教学活动分为以下三项内容。

（一）主题讲座

英语跨文化交际课程选择许立生、戴炜栋的《新编跨文化交际英语教程》、胡文仲的《跨文化交际学概论》、戴维斯（Davis）的《中西文化之鉴》等作为主要教材。根据上述教材的主要内容，英语教师可以策划开展若干主题讲座进行跨文化知识的讲解与论述。讲座的主题可以定为文化与理解文化、语言与文化、交际与文化、差异文化与非言语交际、文化身份与认同感、交际与跨文化交际、泛化与文化定式、文化价值观等。由于主题讲座是一种开放性的交流模式，教师和学生在讲座中可以互动交流，教师能直观地获取学生对主题内容的想法，因此将课程内容细分为各个主题讲座的方式可以帮助教师进一步梳理教学内容、确定教学目标。

以"中西方文化差异"这一主题讲座为例，教师可以先通过播放电影《刮痧》中对孙悟空形象争论的片段导入课程主题。孙悟空在中国传统文化中是机智勇敢、本领高强的英雄形象，因而受到中国人的喜爱与赞赏，但这一著名的英雄形象在美国人眼中又呈现出不同的含义，随后教师可以根据两种文化对孙悟空形象的理解差异引出本次课程的教学目标和教学内容。教师通过提问的方式询问学生是否知晓美国文化语境中孙悟空的形象特点和人们对其的主要看法，学生通过对这种文化差异的讨论、思考和溯源启动话题，并结合教材内容总结主题特征。在通过与学生的交流互动明确主题特征后，教师再补充介绍相关课题知识，加深学生对中西方文化差异的认识。通过开展主题讲座的方式开展英语跨文化教学保证了在教学过程中以学生为中心，充分发挥学生的积极性和主动性。

（二）研讨会

BIPPPOS 模式倡导的教学理念强调改变传统的以教师为中心的教学模式，认为英语教师应该在充分发挥自身引导作用的条件下建立以学生为中心的新型教学模式。而参与式学习是这种新型教学模式的重要环节。又由于英语跨文化交际课程是面向英语专业高年级的学生开设的，而高年级的学生具有良好的学习能力、思考能力和表达能力，因此他们适合通过参与式学习掌握知识、提高能力。BIPPPOS 教学模式认为，研讨会能够在一定程度上加强教师与学生以及学生与学生之间的交流与互动，使学生充分实现参与式学习。

英语教师可以将全班学生划分为若干个学习小组，每个小组的人数在 4 人左右，然后指导他们合作开展研讨会，完成研究任务。研讨会的主题活动主要分为以下两种：主题研究和案例分析。

主题研究建立在主题讲座的基础上，要求学生根据在主题讲座中获得的主题项目充分发挥自主学习能力，根据主题项目自主搜集和整理参考资料，然后由小组内成员通过分享和讨论得出一定的结论，并将研究成果撰写成相应的报告，报告以多媒体课件的形式在课堂上进行展示。其他学生根据课件展示的内容和研究者的讲解提出自己的问题，与研究者进行开放性的讨论；教师则根据研究报告结合研究者的论述进行评价并提出自己的意见和建议，当然教师还要担任学生讨论过程中管理员的角色。

除了主题研究之外，研讨会还可以通过开展案例分析的方式研究跨文化交际过程中可能出现的问题。跨文化交际作为一门以培养学生跨文化交际能力为教学目标的课程，需要引导学生将跨文化知识与跨文化交际技巧应用到跨文化交流的实践过程中去，案例分析由于具备生动具体的可感性、启发性以及突出的实践性，因而可以让学生用理论联系实际，从分析实际问题入手，在讨论问题中开阔思路并积极思考，加强学生与学生以及学生与教师之间的互动，培养学生的思考能力、英语语言能力和对跨文化知识的实际应用能力。具体而言，研讨会选取的跨文化交际案例应能突出体现不同文化在跨文化交际过程中遇到的问题或冲突。例如：跨国婚姻中夫妻二人在育儿观念上的差异，中国人与西方人不同的餐桌礼仪引起的误会，中西方文化中的社交观、伦理观和面子观等问题。

（三）实践与调查

BOPPPS 教学模式的最后两个阶段是后测与总结，其主要目的在于检验学生是否掌握了学习内容，是否完成了学习目标。后测与总结的表现形式就是在跨文化交际课程的最后阶段添加针对课程内容设计的调查与实践活动，即教师在课程最后总结本节课的主题和重点内容，并据此给学生布置调查或实践作业。

调查研究作为一种有目的和计划的系统活动，其运行模式包括四个环节。首先，让学生通过已掌握的课堂知识选择课题；其次，让学生根据课题设计调查研究方案；再次，学生整理并分析所得资料；最后，学生得出研究结果。以文化的多样性为例，学生可以自主设计问卷，将问卷的主题设定为一个人最重要的品质，并给出一些选项，分别将问卷发送给中国学生和外国留学生，然后回收问卷，整理答案选项，对比调查结果。以文化身份认同为例，学生可以分别采访中国学生和外国留学生，请他们说出最能代表本国文化的文化因素，然后研究两种文化不同的核心内容。

实践作业主要是让学生以小组为单位，结合课程主题，通过与外国留学生及外教的交流、接触开展跨文化社会实践活动，如了解他们对中国饮食以及中国人际交往的看法，请他们介绍国外的美食与社交文化，充分感受两种文化之间的差异。

在经济全球化和文化多元化的今天，互联网等技术的发展拉近了不同民族、不同文化之间的距离，使跨文化交际活动成为一种常态化的活动，因此人们有必要树立跨文化意识，培养跨文化交际能力。BOPPPS教学模式作为一种新兴的、科学的教学模式，既能发挥教师的引导作用，又能激发学生探索学习的兴趣，提高学生学习跨文化交际知识的动力。将BOPPPS教学模式引入英语跨文化交际课程教学中不但可以创新教学模式，还能通过形式多样、丰富多彩的课堂活动使跨文化交际课程的教学设计更具开放性和实践性，从而增强学生的研究调查能力和自主学习能力，最终提高学生的跨文化交际能力。

第三节　跨文化交际背景下 Seminar 教学模式的构建

一、Seminar 教学模式的内涵

Seminar 一词原指来自德国高校的教学组织形式，翻译成中文就是"大学研讨课"。这种教学组织形式主要有三个特点：教学对象主要是高年级的学生；教学班级的规模较小；教学研讨围绕某个主题展开。发展到 20 世纪 80 年代，Seminar 教学模式逐渐被美国高等教育院校采纳，而且以学生为中心，让学生成为知识的接受者、探索者、创造者的教育理念也逐渐被更多学者认可。

Seminar 教学模式的基本操作程序分为以下四个环节。

第一，确定选题。教师根据教学目标安排好学期的教学内容，确定各学习单元的主题，然后引导学生根据他们的学习需求或学习兴趣自主选择具体的研究主题。

第二，开展自主学习。学生根据教师提供的参考资料来了解主题内容、开展独立思考、撰写主题论文。

第三，进行课堂讨论。负责主题单元的学生需要总结和介绍国内外学者对本次主题的研究状况，阐述该研究的主要思想观点，回答其他学

生提出的疑问。学生在阐述和交流中可以学到新的知识，开阔研究视野，加深对研究主题的理解。

第四，实时反馈意见。在某位学生的课堂展示和学术讨论结束后，教师需要及时反馈指导意见，其他学生也要对别人的研究论文提出自己的意见。

二、Seminar 教学模式在跨文化交际课程中的实施

（一）Seminar 教学模式实施的可行性

跨文化交际课程的授课对象是英语专业大学三年级的学生，此阶段的学生已经具备了比较扎实的专业基础、一定的自主学习能力和比较成熟的思维模式，且英语专业的班级人数设定一般不会超过 40 人，这些都为 Seminar 教学模式的实施创造了良好的环境。除此之外，跨文化交际课程的课程内容不仅涉及的知识面广，还具备较强的实践性和应用性，因此只凭借教师单一的书面知识讲解无法满足学生的学习需求，教师必须培养学生发现交际问题、分析交际问题以及解决交际问题的能力。Seminar 教学模式以课程主题为中心，鼓励学生自主搜集资料、树立观点、独立开展研究，并能根据自己的研究心得与同学和教师进行讨论，会大大促进学生研究能力、思考能力、思辨能力的发展和提升。

（二）Seminar 教学模式实施的必要性

采用传统的教学模式开展英语跨文化交际教学存在一些突出的问题，如教师习惯通过单向的信息传递向学生传授不同民族文化背景下的交际知识，忽视了对学生文化意识和跨文化感知能力的培养；教师仍是课堂教学的中心，学生依赖教师和教材，主体地位没有落到实处；教学评价体系较为单一，评价内容和评价方式不全面；等等。这种单纯依靠学生记忆力、让学生被动接受知识的方式已经过时了，而且这种教学模式也不利于学生跨文化交际能力的培养。Seminar 教学模式鼓励教师寻找学生

的"最近发展区"，激发学生的学习兴趣，发挥教师的引导作用，为学生提供发展跨文化交际能力的空间，鼓励学生主动去研究、发现、探索和分享，并把自己学到的知识和技巧应用到跨文化交流中去。

（三）Seminar 教学模式实施的具体操作

1. 准备研究选题

许力生、戴炜栋主编的《新编跨文化交际英语教程》，根据教程内容，以不同的主题为线索，将全书划分为 10 个主题单元，如语言与文化、文化与交际、跨文化适应、跨文化言语交际、跨文化非言语交际等。课程共分为 48 个学时，每个主题占 4 个学时左右的时间，剩下的 8 个学时留给教师安排示范和总结。在研究开始之前，教师要向学生讲解教学目标、教学内容，让学生对跨文化交际的内涵、跨文化交际研究的主要内容、课程论文的写作要求以及 Seminar 教学模式的操作流程有一个清楚的认知，随后将全班学生划分为若干个研究小组，每组人数在 4 人左右，并辅助学生推选 1 名组长，组长负责本组研究任务的具体分配。

每组的研究主题源自不同的主题单元，主题单元又分为不同的子单元。以"跨文化非言语交际"主题为例，其可以分为"表情""手势""姿态""眼神""身体接触"等子单元。学生有一周的时间按照不同的研究任务，根据教师提供的资料线索去查阅资料、撰写论文。在以自主学习为主的准备环节中，学生要充分发挥自身的主观能动性，积极参与活动，克服懒惰、完成研究任务。

2. 进行课堂展示

各小组在课下对主题项目的研究程度可以直接体现在论文报告中。每个小组选出一位学生作为代表对本组的研究成果进行陈述和展示，展示的方式以多媒体课件为主。课堂展示的时间一般安排为 45 分钟，主要包括理论介绍、论点阐述、案例分析、设置开放性问题四个环节。其中理论介绍环节约为 10 分钟，内容涉及非言语交际的含义、文化定式、非言语行为的传播内容等；论点阐述环节约为 10 分钟，主要涉及言语与非言语交际的比较、各民族文化的非言语交际行为的共性与独特性等内容；案例分析环节约为 15 分钟，主要分析不同民族在手势、身体接触等方面所表现出来的差异等内容；设置开放性问题环节约为 10 分钟，开放性问题可以围绕课堂本身展开，如教师与学生在课堂上的非言语行为有哪些，非言语行为对课堂教学有什么影响，如何调整非言语行为来达到学习效果的最优化等，这些问题都是具有一定可操作性的。在课堂展示思维过程中，学生能够在充分发挥个人学习主动性的基础上，达到最终的学习目的。这里的学习主动性主要指学生能够积极参与活动，并与同学进行交流互动。在研究探讨型 Seminar 中，讨论环节处于核心地位，全体学生都能参与开放性问题的讨论，这在一定程度上能够调动学生的学习主动性，活跃课堂氛围。

3. 开展教师反馈

在课堂展示活动结束之后，教师应总结学生的讨论情况，并对学生研究报告中的问题（如内容的完整性、结构的层次性、观点的清晰度等）、PPT 展示效果、小组讨论的结果等方面进行综合评价。值得注意的是，教师的反馈不在于评价研究结果的好坏，而是要注重学生在整个研究过程中的态度和创新性的成果。这种反馈过程，能够帮助学生更深刻地理解相关概念的含义，锻炼学生的发散性思维，使学生在巩固知识的基础上进一步拓展知识。

4. 撰写反思日记

在获取教师反馈后，学生应以日记的形式进行自我评价。反思日记的内容可以记录自己在查阅资料中获得的新知识，可以描述自己在小组学习中是如何与组员进行沟通的、小组是如何解决问题争议的，也可以设置下一步的学习目标等。总之，学生撰写反思日记要以提高个人学习效果与促进跨文化交际学习为目的。

由此可见，Seminar 教学模式是一项复杂且高级的教学活动。这种基于研讨课题展开的学生自我学习形式，对教师和学生的要求都相对较高。从教师层面来看，Seminar 教学模式需要教师在备课阶段投入大量的时间对研讨主题、课时分配等细节问题进行设计与研究。在研讨课的实施过程中，教师需要把握学生讨论动态、及时答疑。另外，教师还应按照研讨课的目的适当调整考核形式，因为研讨课毕竟与传统教学有着较大差异，教师并不能完全依据传统教学的考核方式对学生进行考核。从学生角度来看，Seminar 教学模式要求学生能够充分发挥学习主体地位，课前查阅相关资料、参与学习小组讨论并与教师及时进行沟通。因此，Seminar 教学模式与传统教学模式相比有着更为明显的应用优势。一方面，Seminar 教学模式完全建立在平等、民主的课堂教学平台之上，为学生构建了一个开放的、宽松的、积极的学习空间。另一方面，Seminar 教学模式营造了一种学生与学生、学生与教师的双向互动氛围，促进他们对教学内容进行学理探究，如此一来，不仅能够激发学生的求知欲望，还能帮助学生充分理解和吸收知识。

第四节　跨文化交际背景下翻转课堂教学模式的构建

在互联网时代背景下，翻转课堂教学模式发展迅速。所谓翻转课堂，就是在信息化的教学环境中，教师向学生提供以教学视频为主要形式的学习资源，学生在课前完成对教学视频的观看和初步学习，在课上与教师一起针对课前学习中的疑问进行合作探究和交流互动等活动的一种新型的教学模式。这种教学模式的特征与高校英语教学中提倡的自主学习模式相互呼应，为英语教学模式的改革带来新的启示。

一、跨文化交际翻转课堂教学模式构建的重要意义

（一）跨文化交际翻转课堂教学模式构建的必要性

1. 翻转课堂教学模式能培养学生的自主学习能力

早在 20 世纪 80 年代，西方国家的研究学者就提出了自主学习的相关理论，如美国圣地亚哥大学教授伯尼·道奇（Bernie Dodge）提出的网络问题探究（web quest）学习模式、爱尔兰学者莱斯利·狄金森（Leslie Dickinson）倡导的自主学习方法等。其中，自主学习理论的代表性观点是学生在教学过程中不应该是被迫学习、被迫接受知识的角色，而应该是主动的、积极的、渴望学到知识的发现家和探索家。教师应在尊重学生的实际需求和个人情感的基础上，培养学生独立自主地分析和解决问题的能力，进而实现教学的最终目的，帮助学生掌握一定的知识和技能。

培养学生的自主学习能力是开展跨文化交际教学的有效保证，跨文化意识的培养和跨文化交际能力的提升在一定程度上要依靠学生的亲身体验和主观理解，学生要想完成跨文化交际教学中的课前预习、探索研究、实践体验等环节，就必须依靠自身的自主学习能力。在现代信息技术的支持下，翻转课堂将传统的知识讲授过程放在课下，不同水平的学生根据教师提供的学习资料可以自主安排学习的进度、快慢，在反复观看中掌握跨文化知识，完成教师布置的学习任务，因而能体现学生的主体地位，培养学生的自主学习能力。

具体分析，翻转课堂教学模式为学生提供了有针对性的、个性化的学习条件，学生在课前有足够的时间做好参与课程学习的准备。在心理上，翻转课堂教学模式能够在一定程度上缓解学生因为水平差异等因素而产生的不自信或过于自信的不良情绪；在知识准备上，翻转课堂教学模式能够排除学生在主题语言和跨文化认知方面的障碍，学生在课堂上能更加自信、从容地进行深入的跨文化思考、辩证探析、交流与合作。

2. 翻转课堂教学模式能优化课堂资源分配

跨文化交际课程的教学内容中不仅包括英语语言技能知识，而且涵盖了社会人文素养的培养要求。高校学生经过义务教育阶段的英语学习，已经具备了基础的英语语言技能，原则上在这一阶段应该以人文素养的培养为主。然而在现实的高校英语跨文化交际教学中，教师普遍认为，由于课时有限，他们无法更好地开展跨文化交际教学；在教学时间和教学条件有限的情况下，跨文化交际教学要为语言知识教学让步。事实上，学生的人文素养和跨文化思维能力不像文化知识一样可以通过单向讲学的方式形成，而是要通过参与、体验、反思和感悟逐步培养。翻转课堂将基础知识学习环节安排在课外，教师在课堂上就能更加专注地引导学生吸收和运用知识，就有更多时间解答学生的疑难问题或组织学生开展活动，并引导学生在自己创设的交际情境中锻炼跨文化交际能力。总而言之，翻转课堂教学模式有助于优化课堂资源分配，进而实现跨文化交际课程的教学目标。

3. 翻转课堂教学模式能优化评价、测试方法

英语跨文化交际教学所测试和评价的学习内容不仅包括具体的英语语言知识、语言技能、文化知识，还包括跨文化意识、情感态度、交际能力、思辨能力等多个层面，因此采取的评价和测试方法也应该更加多元化。而翻转课堂的特点之一就是能够多维度、多层次地评价学生的学习成果。以评价的主体为例，传统的教学评价活动通常是由教学工作的管理者组织开展的，学生甚至教师往往处于评价活动之外。在翻转课堂教学模式下，无论是对学生学习成果的评价还是对学生学习行为的评价，都会让教师和学生参与其中，评价的主体更加多元化，具体包括学生的自我评价、教师对学生的评价、学生与学生之间的相互评价以及网络教学系统对学生的评价。

（二）跨文化交际翻转课堂教学模式构建的可行性

翻转课堂教学模式是互联网时代背景下英语跨文化交际教学发展的必然趋势，因此高校英语跨文化交际教学必须探索现代化、信息化的教学新模式。现代教育技术的发展打破了时间和空间对英语跨文化交际教学活动和学习活动的限制，使英语跨文化交际教学活动和学习活动体现出开放性、灵活性、即时性的鲜明特征，这意味着每一位掌握了现代教育技术和设备使用方法的教学者或学习者都可以不受时间和空间的限制，在任何时间、任何地点利用现代教育技术开展教学或学习。也就是说，跨文化交际翻转课堂教学模式构建的可行性体现在现代教育技术在英语跨文化交际教学的应用中。

1. 翻转课堂教学模式能提供大量的教学资源

在翻转课堂教学模式下充分利用现代教育技术，学生不仅能获得大量的文学语言材料，还能接触很多英语国家民族的日常生活用语，这些生动、形象的语言与传统教材上使用的规范语言有十分明显的差异，有利于自身掌握更地道的英语表达。同时，由于网络信息更新换代的速度较快，因此关注网络信息的变化就能了解当下流行的词语和语法表达，从而快速提高语言的实用性。除此之外，语言与文化有着密不可分的关系，只学习语言不学习文化无法真正地理解这门语言，也无法掌握地道的表达方法，因此学习者在学习英语语言知识的同时要学习英语民族国家的跨文化交际知识。而英语教材上的跨文化交际知识是有限的，因此学习者要想了解更多的英语跨文化交际知识可以通过网络进行搜集和整理，继而深化对英语语言的认知，提升自己的跨文化交际素养。如图5-2所示，基于现代信息技术的英语跨文化交际教学知识的来源可分为以下几种。

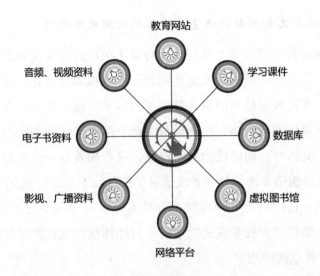

图 5-2　基于现代信息技术的英语跨文化交际教学知识的来源

2. 翻转课堂教学模式能营造良好的教学环境

良好的教学环境对于开展英语跨文化交际教学活动、提高英语跨文化交际教学质量来说具有十分重要的意义。对于英语学习者来说，良好的语言教学环境应该包括以下几点内容：标准的语音语调、准确的语言表达、丰富的语言文化知识、必要的对话与练习机会以及教师的帮助与指导。在翻转课堂教学模式中，现代教育技术的应用有利于营造良好的教学环境，这主要表现在以下四个方面。

（1）现代教育技术的应用有利于调动学生的视觉、听觉等多种感官，从而促使他们积极地参与英语跨文化知识和技能的学习，并逐渐培养英语语感和英语思维方式。众所周知，英语和汉语具有不同的语言思维方式，良好的英语思维与英语语感有助于促进学生跨文化知识和技能的学习，而要想培养英语思维和英语语感，就需要给学生输入大量的听力材料，开展大量有效的英语听力训练，这就需要现代教育技术的帮助。通过利用现代教育技术及相关设备参加英语听力训练，学生能快速掌握英语的表达方式和思维习惯。

（2）现代教育技术的应用有利于学生接触大量真实、自然的英语学习资料，帮助学生积累英语语言文化知识，使其掌握跨文化交际的方法和技巧，进而提高学生对英语的综合运用能力。

（3）现代教育技术的应用丰富了英语教师的教学方式，使英语教学从过去单一、传统的教学模式中脱离出来，课堂教学变得更加生动、形象，符合学生的预期。这在无形中就激发了学生学习英语的兴趣和自信心，有利于培养和发展学生的想象力和创新思维。

（4）情境教学法指出，语言的学习与练习如果能在接近真实的语境中开展更容易达到令人满意的效果，现代教育技术的应用可以创建与真实的交际场景十分接近的语言情境，这为学生在复杂多变的跨文化交际情境中充分发挥主观能动性、灵活应对各种跨文化交际语言提供了练习的条件。

3. 翻转课堂教学模式能搭建开放性的学习平台

不同于传统的课堂教学，翻转课堂教学模式下现代教育技术的应用使学习活动开展的场所不限于固定的教室，网络连接的所有范围和地点都可以是人们学习英语跨文化交际知识的场所；学习时间也可以根据学习者的具体情况进行调整。对于学习者来说，他们可以自由选择自己的学习过程、学习方法，从大量有效的信息资源中获取他们所需要的学习信息，并按照各自的学习情况制订学习计划，安排学习进程。这种开放性的学习平台使学生一直处于教学中心，有利于激发学生的创造力和想象思维，实现素质教育倡导的理念。

二、翻转课堂在英语跨文化交际教学中的应用

由于翻转课堂教学模式强调课内教学和课外学习相结合，主张学生自主学习与课堂展示、讨论、讲解相结合，因而教师需要提前准备充足的教学资源，包括与课程内容相关的微课、慕课资源以及相关的网络教育资源等。这些教学资源不仅应包括跨文化交际的基础语言知识，还应

包括历史、宗教、艺术、节日等方面的文化知识。许多资源可以通过搜索时事新闻、观看英文电影、阅读英文书籍等方式获取。为了保证跨文化交际课程整个教学过程的完整性和有效性，英语教师还应注意翻转课堂教学模式在以下几个方面的应用。

（一）帮助学生开展自主学习

1. 创建学习单

为了让学生逐步适应自主学习的模式，教师可以根据教学内容设计一套可供学生参考的学习单，引导学生按照教学大纲和教学目的进行有意义的自主学习。学习单中应列出本单元涉及的教学内容、学生需要提前完成的自学内容、相关的语言知识资源目录、相关的文化知识资源目录。通过完成学习单上的内容，学生对"我知道什么？我需要学什么？我发现了什么？"等问题有所了解，逐步实现自主学习的模式构建，为课堂教学活动奠定必要的信息积累基础。

2. 发挥微视频课程的作用

在翻转课堂教学模式下，英语教师要充分利用微视频课程在促进学生开展自主学习方面的作用。具体来说，英语教师要学会制作和应用微视频课程。

（1）制作微视频课程。英语教师在制作微视频课程的过程中，要注意以下几点内容。

第一，控制时间、分解内容。在微视频课程时间的设计上，英语教师在保证教学效果的前提下应尽量缩短微课教学的时间，最好控制在15分钟以内。在选择教学内容时，英语教师应尽可能地分解大块的知识点，将完整的知识体系划分为一个个小的知识点。学生对学习失去兴趣的原因往往是学习过程中的整体学习任务过于复杂庞大，从而让学生望而生畏、失去信心。因此，将较大较难的学习目标分解成逐个的、具体的、易于完成的简单目标，有利于教师引导学生在一次次的成功后增强学习的自信心和积极性，从而使学生保持持久的学习热情。

第二，体现多元格式特征。英语微视频课程要支持不同的学习形式，不仅可以以课件的形式应用于课堂教学，还可以通过网络学习平台，满足学习者移动学习的需求。不仅适合在学习者个人计算机上进行学习，还能使学习者使用手机、平板等移动设备随时随地展开学习。

第三，微视频课程要有完整的教学环节和学习流程。当微视频课程设计的教学内容从单一的语言知识设计扩展到与语言知识相关的其他领域的内容时，不仅要设计好全套的教学环节，还要结合学生的学习过程、学习习惯和学习逻辑，合理安排活动步骤，以实现教师教学与学生自学的有效衔接。以肢体语言微视频课程的制作为例，教师不仅要讲授有关肢体语言的基本理论知识，还要设计由易到难、由浅入深、环环相扣的问题引发学生的思考。例如：什么是肢体语言？肢体语言有哪些类型？不同民族相同肢体语言表达的意思一样吗？不同的肢体语言能表达相同的含义吗？通过这样的方式，可以引导学生逐步掌握肢体语言的相关概念、文化特征，并使学生结合微课中列举的实例主动研究肢体语言在跨文化交际活动中的应用。

第四，微视频课程的制作要考虑如何实现学习者与微视频课程的双向互动。微视频课程要向学习者提供便于参与课程讨论、开展自主学习、提供实时反馈等方面的项目选择。英语跨文化交际教学微视频课程的制作也不例外，因此课程开发者要设计与课程内容相对应的练习活动，如授课内容为信函写作的微课可以设计以下活动：让学生开展在线讨论，并针对授课内容提出问题，教师及时回复学生的问题；鼓励学生展示自己的写作成果并向大家做思路介绍；适当添加练习测试让学生练习写作技巧；抛出一个话题组织学生进行辩论。

（2）应用微视频课程。英语教师在应用微视频课程的过程中，要注意以下几点内容。

第一，辅助课堂教学。英语跨文化交际教学微视频课程可以用于辅助英语教师开展课堂教学，即英语教师在进行课程设计的过程中，将传统课堂教学中无法直接呈现的内容进行系统性的整合，并制作成一个个便于学生观看、理解的微视频加以讲解，以保证学生的听、说、读、写、译方面的综合语言应用能力得到提升。微课视频容量小、便于复制、传播，因而促进了优质教育资源的均衡分布。在开展英语跨文化交际教学的过程中，英语教师要根据自己对相关跨文化交际知识内容的理解对视频内容进行编辑、调整，以不断更新和完善微课的内容，保证教学内容与时俱进、具有实用性和创新性。而在这个过程中，英语教师的学科专业能力和教学能力也能得到一定的提高。

第二，辅助预习与复习。为了体现课程教学内容的启发性和总结性特征，微视频教学也可以应用于英语跨文化交际教学的预习和复习阶段。由于英语跨文化交际学习的课时安排相对有限，学生的学习任务重、时间紧，因此教师需要根据学生没有课前预习和课后复习习惯的情况开发有针对性的辅助型微课。在课堂教学活动开始之前，教师通过微视频课程的方式把与教学内容相关的预习资料发送到学生手中，保证学生对要学习的知识有全面的认识。在课堂教学活动结束之后，教师针对课堂上学生难以理解的问题或感兴趣的问题进行讲解并以微视频课程的形式进行保存和发送，目的是保持学生学习的热度，提高学生的预习和复习效率。

（二）进行成果展示

在学生已经完成自主学习的前提下，英语教师可以将原本是教师主讲、学生听讲的课堂翻转成教师指导、学生展示学习成果、相互交流学习成果和经验的课堂教学模式。此时英语教师不再是课堂教学的主体，身份也由知识传授者转变为知识反馈过程中的指导者、支持者和评价者。学生的身份也从听讲者、被动的知识接受者转变为内容设计者、活动参与者。

英语跨文化交际课堂教学的内容和形式应该是多元化的，学生不仅可以通过自主学习模式了解英语国家民族的文化背景知识、比较中西方文化的异同、树立正确的文化观念；还可以利用网络交互式教学平台创建分组，开展合作学习、成果汇报等课堂活动，培养自身的合作精神和团结协作的能力。例如：在人机互动和仿真场景的自主学习过程中，教师可以设计一些贴近学生生活或学生感兴趣的话题、场景帮助学生进行成果展示，以提高学生的英语应用能力和跨文化交际能力。此外，翻转课堂教学模式还能提高教师的教学管理效率，因为教师可以指派不同的组长负责本小组的各项活动。

（三）构建评价体系

1.评价体系的内涵

采用翻转课堂教学模式开展跨文化交际课程需要教师引导学生积极自主地完成对跨文化交际知识的积累，这个过程通常是在课下完成的。到了课堂上，学生需要对自己的学习成果进行展示和交流，再由教师提出改进的建议，最终将自主习得的信息输入转化为适当、有效的信息输出。其中，学生进行自主学习的过程、自主学习的效果、课堂活动参与的程度等都需要一套完善的评价体系。

评价体系的主要作用是针对学生自主学习的过程以及学习效果，通过跟踪统计、测试测评、成果展示、信息反馈等方式，让教师和学生共同对学生自主学习的具体进展情况有所了解。而且评价体系也能逐渐培养学生的自觉性，让学生养成自主构建学习过程、对整个学习过程负责的好习惯。评价体系还可以让教师实时了解学生在自主学习过程中遇到的困难，为教师今后改进教学活动提供有效的参考信息。

2.评价体系构建的方法

根据教学构成的基本要素理论，结合翻转课堂教学模式的特点，我们可以从学习者、教师、课程和技术四个维度出发构建英语跨文化交际教学的评价体系。

（1）学习者维度。学习者维度的评价构建分为两方面的内容：一方面是学习者在现实世界中的跨文化交际能力评价，另一方面是学习者在网络虚拟世界中的跨文化交际能力评价。学习者在现实世界和网络虚拟世界中的跨文化交际能力各有侧重，这主要体现在学习者在这两个世界里需要掌握的不同英语语言技能方面。

在现实世界中，学习者更需要掌握英语的听、说技能；而在网络虚拟世界中，学习者更多使用的是英语的读、写技能。因此，在语言知识方面，二者的评价指标也会有所侧重。例如：培养学生的跨文化意识是英语跨文化交际课程教学的教学目标之一。跨文化意识承认文化的多样性和不同文化之间的平等关系，并主张交际双方能够彼此尊重、相互包容。在跨文化交际的过程中，跨文化意识主要体现在认知上，即对交际双方的思维产生作用，这种认知思维将对个体的行为活动产生重要的指导意义。此外，跨文化意识具有文化性，因此交际双方要对本民族文化与其他民族的文化都有所了解，进而提升自身跨文化交际的意识。在翻转课堂教学模式中，学生经常使用互联网开展跨文化交际知识与技能的学习，在互联网世界中，多元文化共同发展、相互交流，彼此之间的冲突和交融也体现得淋漓尽致，因此学生有必要提升自己的跨文化意识，主动适应和接受新的文化形式。

在现代信息技术背景下的英语跨文化交际教学中，情感态度评价和学习策略评价的重要性也要引起重视。情感态度中的合作精神、爱国意识、国际视野和学习策略中的资源策略、调控策略、认知策略等都可以作为评价的指标。此外，有学者指出，在评价学习者的互联网学习效果时，要特别重视对学习者互联网综合学习能力的评价。学习者的互联网综合学习能力包括以下四个方面的内容。

第一，学习者的互联网学习能力，如学习者在互联网学习平台上发布信息的能力、浏览网页查找相关信息的能力和参与互联网相关话题讨论的能力。

第二，学习者的互联网学习态度，如学习者愿意通过学习掌握使用互联网开展学习活动的方法和技术，学习者能够按照既定的网络课程安排完成学习任务，学习者愿意和网络平台的其他学习者开展交流，学习者在网络学习模式下能进行自我管理、自我学习等。

第三，学习者参与互联网交流与协作学习的能力，如学习者在线上答疑环节经常向教师提问或回答他人的问题，学习者在需要小组合作完成项目的过程中能认清自己的角色定位、完成分配给自己的任务。

第四，学习者对互联网资源的利用能力，如学习者经常在网络资源库中查询资料，学习者具有辨别和筛选网络信息资源的能力，学习者曾在网络平台发布过有价值的资源供他人参考和学习等。

事实上，以上四种互联网综合学习能力可以归入情感态度和学习策略的范畴。学习者的互联网学习态度和学习者参与互联网交流与协作学习的能力归于情感态度层面，因为这两项内容关乎学习者个人参与学习的意愿和主动性；而学习者的互联网学习能力和对互联网资源的利用能力则可以归入学习策略的范畴，因为这两项内容与学习者开展学习的方式方法有关。

（2）教师维度。教师维度的评价构建主要包括两个方面的内容，即教师的教学理念和教学能力。

将教师的教学理念作为评价的内容之一，就是要看教师是否能树立先进的教学理念并将该教学理念应用到实际的教学活动中。例如：教师能否在教学中保证教学语言的科学性与专业性，给学习者树立良好的学习榜样；能否做到以学习者为中心开展教学活动，时刻考虑学习者的接受能力和学习体验；在进行教学设计或筛选教学材料时是否愿意听取并采纳学习者的建议。

构建跨文化交际教学评价体系还要将教师的教学能力作为评价的内容之一，即要看教师是否熟悉自己负责的网络教学课程，能否熟练地使用网络支持软件开展教学活动；能否为学习者提供丰富的网络资源，帮助学习者开展深入的学习研究；能否设计科学、有效的教学活动，引导学习者积极参与自主学习，并愿意与其他学习者进行协作学习；能否在翻转课堂教学模式下对学习者的学习进行公正的、客观的评价，并就学习者存在的学习问题提出恰当的建议等。

在传统教学模式面临质疑和挑战的今天，未来的英语跨文化交际教学工作会给英语教学工作者带来更多的困难和挑战。英语教学工作者要想更好地适应英语跨文化交际教学改革发展的趋势，跟上现代化教学的步伐，就要不断地学习新的理念和新的技术；在教学实践中不断探索新的、多元的教学评价机制和手段，促进高校英语跨文化交际教学的进步与发展。

（3）课程维度。网络课程的设置是翻转课堂教学模式下跨文化交际课程的特色，因此网络课程维度的评价至关重要。网络课程包括微视频课程、慕课课程等在线课程，这些都是开展翻转课堂教学活动的载体，它的评价主要包括以下几个方面的内容。

第一，对课程目标进行评价。随着英语跨文化交际课程设计目标的国际化发展趋势，对网络课程目标的评价就是要看高校英语教学工作者是否将以下内容作为跨文化交际课程设计的主要目标：培养学习者从国际视角看待问题，开阔学习者的国际视野；帮助学习者树立跨文化意识，提高学习者的跨文化交际能力；通过开展网络课程教学帮助学习者认识世界、走向世界，同时让世界走进学校、走入学习者眼中。

除此之外，在设置课程目标的过程中，要看英语教师是否时刻关注本专业学科知识的更新以及本专业的学术发展动态，并通过适当引进国际化课程，为国际化人才的培养创造环境；英语教学工作者是否注重学习者学习能力和认知能力的培养；是否根据教改和教学发展的实际需求，适当调节了英语各项技能培养在跨文化交际课程教学中的比例；是否以培养学习者的跨文化意识和跨文化交际能力为最终目标。

第二，对课程内容进行评价。对跨文化交际网络课程内容的评价主要看网络课程内容的设计是否科学合理。英语跨文化交际课程教学的内容主要来源于根据教学大纲编制的教材，英语教材是课程内容教学的重点。英语课程教材本身有自己的学科知识体系，其体系结构完整、构建科学。然而，交际源于生活，跨文化交际作为一门融合了语言、文化、交际等知识的学科，更是与人们的日常生活息息相关。因此，要评价网络课程的内容，就要看网络课程设计的内容是否与跨文化交际的生活实践息息相关，是否能引起学习者学习的兴趣、是否能培养学习者的跨文化交际能力。此外，还要看英语教学工作者在进行网络课程设计的过程中是否考虑了学习者的身心发展特征，是否使课程教学内容符合学习者的身心发展规律和认知规律。通过认知规律可以得知，任何教学工作的开展都必须考虑学习者认知水平的差异。根据学习者的认知水平，英语教学工作者要采用不同的方法处理教学难点和教学重点，并适当采取分层教学方式，以满足不同学习者的跨文化学习需求，使每个学习者的跨文化交际能力都能得到提升。

第三，对课程环节进行评价。随着社会的发展和时代的进步，越来越多的高校开始重视网络课程的环节设计，并且将网络课程的环节设计当作教育教学改革发展的重要组成部分。为了进一步响应英语教学改革的发展要求，提高英语网络课程设计的专业化水平，在未来的教学工作实践中，英语跨文化交际网络课程的教学内容会更趋向于应用性和实践性，教学形式会更加灵活多样，课程设置会更加科学合理，课程设计的环节会更加规范。为了更好地完成英语课程环节设计的工作，高校英语教学工作者要认真研究教学大纲和课程标准，了解各个教学阶段的教学目标和教学内容，使课程设计满足教学开展的要求，进而保证教学目标的实现。

而要评价网络课程的环节就要看课程环节的设计是否规范。首先，要看英语教师在对每堂课进行设计时是否明确了这堂课的教学目标，包括知识目标、技能目标、情感态度目标等；是否对本堂课教学内容中的重难点部分开展了科学、全面的设计，并安排好了这部分的呈现方法、练习方法，及其是否能够突出教学重点，达到良好的教学效果。在教学模式和教学方法的选择上，英语教师是否根据本堂课的教学内容和学习者的认知特点、学习心理选择了合适的方法、模式。其次，要看英语教师是否规范了课程教学的过程设计，教学思路是否清晰明了，教学环节之间的衔接是否过渡自然。教学活动的组织、设计是否既具备一定的灵活性，又符合新课标倡导的方法规范。再次，要看英语教师设计的课外活动、课外作业以及相关辅导活动是否遵循一定的规范，即不能完全按照教师的喜好随意设计。最后，要看教案的书写和作业的批改是否符合一定的规范。教案书写的规范化不仅体现为内容的规范化，还体现为形式的统一化。作业批改的规范化则主要表现为作业批改内容、形式、次数上的统一。

第四，对课程手段进行评价。随着多媒体技术与计算机技术的快速发展以及互联网的普及应用，现代教育技术作为一种先进的课程手段已经被广泛应用于网络课程的设计。因此，要评价网络课程的技术手段，就要看广大英语教学工作者是否能够使用多媒体等现代化教学技术优化教学过程、提升教学效果。只是简单的图片、文本、动画或音视频应用已无法满足现代教学工作的目标与教学实践的需求，因此还要看英语教学工作者是否运用了图像的采集与处理技术、动画制作技术、数字视频处理技术、数字音频处理技术等现代化技术手段设计网络课程，是否熟练地运用了这些技术手段来呈现教学知识，把学习过程可视化，以达到更好的教学效果。

（4）技术维度。技术维度是英语跨文化交际网络课程区别于传统课程的特殊维度。技术维度的内涵主要包括技术的可靠性、适当性和兼容性，这是网络课程质量的前提和基本保障。因此，我们在对网络课程的技术维度进行评价时，可以从以下几个方面入手。

第一，是否有简明易懂的运行环境说明。

第二，网络课程的安装是否方便快捷。

第三，网络课程所使用的多媒体技术是否成熟。

第四，网络课程的运行是否稳定、流畅。

第五，如果不想继续使用，网络课程的卸载是否方便。

第六章 跨文化交际背景下英语教学的实践应用

第一节 跨文化交际背景下英语词汇教学

一、英汉词汇的文化差异

（一）汉语字词的语义特征

对于学生来说，要学好英语，就必须掌握一定数量的英语词语。学生掌握英语词语的数量以及对这些词语用法的掌握程度是衡量学生英语水平的重要标志。在跨文化交际的过程中，学生掌握的词汇量越多，对已掌握词语的用法越熟悉，就越有利于交际的顺利进行。词汇在中西方两种语言表达中有着不同的文化特点，体现出不同的文化差异。因此，教师在跨文化交际背景下开展英语词汇教学首先要清楚英语和汉语两种语言词汇的文化差异。

英语和汉语的文化差异突出体现在词汇的语义特征方面。而语音与语义紧密相关，语音就是语义的声音符号，所以人们可以从语音的角度分析英语与汉语词汇在语义特征上的差异。

（1）汉语中大部分汉字是一字一音、一音一义，所以这些汉字就是一字一义，如"店"字读音为"diàn"，其含义是进行商业经营的房屋，如店铺、商店、书店、店肆、客店、旅店等；还有一部分汉字虽然是一字一音但却是一字多义，如"故"字读音为"gù"，有四层含义：缘故，原因；故意，有意；原来的，目的；意外的事。

（2）汉语中一音多字的现象也很常见。一音多字就是指不同的字或者词具有相同的发音，即"同音异形异义字"。汉语字典或词典就经常按照汉字的发音分门别类地收录和索引，这说明在汉语中有大量的同音字、同音词。

例如：读音为"bāo hán"的词语有包含（包容、含有）和包涵（原谅、宽恕）；读音为"bào fā"的词语有暴发（突然猛烈地发生或以不正当的手段发财，如暴发山洪、流行病、雪崩）和爆发（由于爆炸而突发或发生重大事变，如爆发战争、火山、革命、大笑）；读音为"běn yì"的词语有本义（词的本来意义，与引申义、比喻义相对）和本意（心里本来的想法、目的）；读音为"dà shì"的词语有大事（重大或重要的事）和大势（事情发展的趋势）。

以上四组示例中，两个词语的发音完全相同，但语义却有很大差别，读者需要根据上下文语境或自身的汉语言文学素养才能判断出其真实含义。

（3）汉语中一音多义的现象也很常见，这属于一字多义现象，一般指同一个字发音相同却包含多种意义。例如："举"字只有一种读音，却有"行为""往上托""推选"等词义；还有一种常见的情况是同一个字在发音不变的前提下与其他字搭配而产生不同的词义，如"光"字读作"guāng"，有七种常见的意义，它可以与其他汉字组成不同的词语表示不同的含义。例如：

①明亮的月光，照亮了我回家的路。此句中的"光"指光线。

②老师不光教我读书认字，还教给了我做人的道理。此句中的"光"指只、单。

③狗很快就把碗里的狗粮吃光了。此句中的"光"指一点儿不剩。

④今年的冬奥会上，众多奥运健儿奋力拼搏、为国争光。此句中的"光"指荣誉、荣耀。

⑤她光着两只脚就下地了。此句中的"光"指的是身体露着，没穿衣物。

⑥明媚的春光，吸引了大家的视线。此句中的"光"指的是景物。

⑦临阵磨枪，不快也光。此句中的"光"指的是平滑。

在上述示例中，"光"字既可单独使用，也可以与其他字组成词共同使用；而有的字则不能单独使用，要组成词才有意义，如"典雅"一词中的"典"字。

（4）汉语中一字多音的现象也比较常见。一字多音指的是一个汉字在不同的语境中或与不同的汉字搭配时就会有不同的发音，也就是我们平常所说的"多音字"的现象，这种现象多出现在常用字词中。

例如："都"有 dōu（都是）和 dū（首都）两个读音；"为"有 wéi（为人）和 wèi（因为）两个读音；"降"有 jiàng（降落）和 xiáng（投降）两个读音。

（二）英语词汇的语义特征

首先，英语中一词一义的情况是较为常见的，但一词多义的现象也有很多，甚至比汉语还多，而且很多功能词、常用词的义项数量也明显比汉语要多，以至于人们在许多场合只能依靠上下文或者语境来辨析词义，如"get"一词就有 22 条义项，在其后加上小品词组成的短语更是有 32 个之多。

其次，英语中的一词多音现象，也就是同形异音异义词的数量也比汉语要多。这种词基本上都不改变单词的拼写，只改变词的重音、辅音音素及词性、词义方面的表达，还有一种词源完全不相同的同形异音异义词，其发音和词义有很大的差别。

再次，英语中的一音多词现象，也就是同音异形异义词的数量比汉语中同类词的数量要少，只有"our and hour"等有限的几十组词。除此之外，其同音同形异义词的数量也不多，只有"book（书）和 book（预订）""account（账户）和 account（解释、理由）"等；此外还有一部分同音同形异义词的词义只是轻微地发生了变化，如"aim"用作名词时表示目的，用作动词时表示"瞄准"。

最后，英语中存在的同义词或近义词的数量在所有语言中是最多的，这主要是因为英语是一种包容性很强的语言，英语在发展变化的过程中吸收了大量其他语种中的词汇表达。英语中存在的同义词或近义词的数量最多，这句话包含两个方面的含义：一方面是指所有同义词相加得到的总数最多；另一方面是指就某一词义来说，其每组同义词的数量远多于汉语。例如："工作"一词，汉语的同义词或近义词只有"岗位""职业""职务"等几个，而英语则有"work""job""task""mission""post"等十几个。

（三）词汇语义差异造成的文化效应

汉语与英语的语义差异造成的文化效应主要包括以下几个方面。

1. 从词语的记忆积累来说，汉语比英语容易

人们在学习这两种语言的过程中，认为汉语词语更容易被理解和记忆的主要原因包括以下三个方面。

（1）汉字的组词能力较强，基本上所有的新生词语都是用之前就被大家熟知的旧词组合而成，所以汉字的总字数没有变。

（2）汉语词语的组合方式以会意方式为主，因此人们可以望文生义，如此一来，人们就不用记住所有的汉字，而是只掌握常用的三千个汉字就能满足一般的学习和生活需求。

（3）由于汉字的象形特征和会意特征，即便人们遇到没见过的词组或者短语，也可以借助组成该词组或者短语的汉字的字义来推断整个词组或短语的含义。例如："结党营私"一词，我们将组成这个成语的四个

字拆开来看，可以发现"结"有集结、勾结、纠集之意；"党"有政党、党派、朋党之意；"营"有经营、营造之意；"私"与"公"相对，有个人私利之意。根据以上汉字分析，可以推断出这个成语的意思是坏人勾结在一起，谋求私利，专干坏事。汉语中这样的例子还有很多，还有很多新的词语也是借助汉字的会意特征产生的，如"躺赢、直播带货、网红、刷礼物、游戏装备"等。

同汉语相比，英语中的词语就没有那么容易理解和记忆了。这主要是因为如下几点。

（1）英语中有词语但是没有字，这就造成英语单词的组合能力较差，很多新词的产生需要人们采用新的表达方法，而且有大量表示事物名称的名词都是一词一义，这就造成了英语词汇总量的庞大。

（2）像英语这种拼音文字没有象形特征和会意特征，所以自我阐释的功能要弱一些，人们看到没学过的词难以猜测其含义，这不利于人们在阅读时遇到生词能快速地理解词义、完成阅读。

2. 从词语的表意功能来说，英语词比汉语字精确，而汉语词比英语词明确

汉语中最小的语义单位是"字"，而在英语中"词"是表层结构最小的语义单位。汉语中有字、词之分，而英语中只有词。汉语中可以单独使用常用字、功能字来描述事物或下达指令，但这部分字只占所有汉字的一小部分。这部分字在语义层面上通常表达的含义比较宽泛、笼统，不是很精确。例如："车"字可以单独使用，人们可以说"我买了一辆车。"但这辆车具体是什么车，是什么品牌、型号、大小等都无法分辨。在用"车"组词后可以得出"轿车""货车""客车"等词语表达，由此可以看出汉语中的词语表达要比单个字的表达更加具体明确。

当然，汉语中有一些汉字虽然也有基本的、笼统的字义，但是单个字却无法使用，因为其表达不了明确的意义。例如："瞩""愕""窥"等，其只有在组成"瞩目""惊愕"和"窥探"等词后才能正常使用。

汉字中还有一部分特殊的叠字结构词语，就是相同的汉字可以重叠使用，例如：暖洋洋、亮晶晶、肉嘟嘟、傻乎乎、白茫茫、气冲冲、乐滋滋。汉字中还有一些四字重叠词组，例如：高高兴兴、匆匆忙忙、慌慌张张、吞吞吐吐、朝朝暮暮、婆婆妈妈。

这些词组的精确程度和形象程度超过了英语，而英语词语的优势在于不管是单义还是多义，都能表达明确的含义，不需要以组词为前提。所以从整体上来讲，英语词语要比汉语词语更加精确。

3. 从词语的语义表达来说，汉语的概括性更强，而英语的逻辑性更强

通过分析这两种语言的语义表达可以看出：汉语的概括性较好，而英语的逻辑性更好。汉语的概括性好主要体现为汉字的概括性较好，该特点在古代汉语中体现得尤为明显，如孔子曾说："志于道，据于德，依于仁，游于艺。"这十二个字简单明了地概括出孔子的为人处世之道，即以道为志向，以德为根据，以仁为依靠，而游憩于礼、乐、射、御、书、数六艺之中。

而由于英语单词的表意相对精确，且具有严密的句法结构，所以英语的逻辑性较强，使用英语进行辩论演讲、说理分析会很有优势。

二、跨文化交际背景下词汇教学的开展

基于以上分析，英语教师在跨文化交际背景下开展英语词汇教学时可以采用以下两种教学方法。

（一）文化对比法

文化对比法是讲授英语词汇与汉语词汇文化差别的有效方法。只有通过对比才能突出英语语言文化与汉语语言文化的异同，才能使学生理解并记忆英语词汇的深层含义。因此，英语教师在介绍具有文化特色的英语词语时，应事先对本民族的相关文化进行了解，这样才能通过对比

讲授两种语言词汇之间的差异，体现两种文化之间的共性与个性。

例如：一些天气方面的词语表达充分体现了英汉两种文化的差异。在汉语中，细雨被描述为"绵绵细雨""毛毛细雨"，传递出一种连续而轻柔的意境，在英文中，对应的表达是"drizzle"，还有"raining cats and dogs"这样的表达，表示雨下得很大，这与汉语中的"倾盆大雨"有异曲同工之妙。与之相似的，在汉语中，人们常用"鹅毛大雪"描绘雪花翻飞的场景，在英语中，人们会用"a blanket of snow"来形容地面被雪覆盖得很厚，侧面说明雪下得很大。

又如：在介绍数字在英语中的文化内涵时，教师可以通过对比中国人和西方人对不同数字的喜好的方法来讲解。在中国文化中，"九"是个位数字中最大的，并且"九"字与"久"字谐音，所以"九"在中国是一个吉祥的数字，有"九五之尊""十拿九稳"之说；而且中国文化重视平衡与和谐的观念，因此中国人特别偏爱使用偶数，如汉语中有许多双音节的词语，成语一般是四个字组成的，中国古代建筑讲究工整对称，传统婚礼也会选偶数的日子举行，甚至婚宴上的菜品也要是偶数，送礼、上礼金也是偶数为宜，这代表着对新人双宿双飞、和和美美的祝福。

而在西方文化中，有"lucky seven"的说法，由此可见西方人对"7"的喜爱。每逢7月，西方国家就会有很多新人举行婚礼，尤其是在7月7日这一天，结婚的人会很多；2012年的伦敦奥运会在当地时间的7月27日开幕。而在中国广东方言中，"七"字和"出"字谐音，有着钱财流出的含义；在汉语普通话里，"七"字和"气"字谐音，表示生气，不愉快，因而中国人不喜欢"七"这个数字。

（二）案例分析法

案例分析法是指英语教师在课堂教学的过程中通过向学生展示一些跨文化交际活动的真实案例来传授英语词汇和文化知识的方法。所选案例应是一些由于交际双方对词汇文化内涵不了解而造成交际冲突的案例，英语教师将案例以书面形式展现给学生，并要求学生在仔细阅读后分析引发交际误解甚至交际冲突的原因和后果。英语教师在肯定学生合理分析的基础上，继续从文化对语言的影响、跨文化交际的规则等方面进一步解析造成交际冲突的词汇内涵，从而增强学生的跨文化交际意识，培养学生的跨文化交际能力。

英语教师还可以以此为作业要求学生在课后搜集、整理相关资料，以便学生更深入地理解造成交际冲突的词汇的文化内涵，这样不仅能使学生巩固在课堂上学到的知识，还能帮助学生掌握更多的英语文化知识。例如：在一个中国学生和一个美国学生的跨文化交际过程中，中国学生向美国学生介绍自己的学习情况，当谈到因为学习成绩优异而获得了国家补助的全额奖学金时，美国学生不由得感叹道"You are a lucky dog"，中国学生听到后以为美国学生十分不礼貌，竟然将自己比作狗，顿时不开心起来。因为狗在中国人眼里是丧失独立意志的奴隶，可以任意驱使而没有顾虑；而且汉语词汇中关于"狗"的表达大多是贬义的，如狼心狗肺、狗仗人势、鸡零狗碎、狗头军师等。但是，美国学生站在他的角度看他的表达完全没有问题，因为狗是英语文化中受人喜爱的动物，狗被认为是家人，是朋友；狗具有忠诚、勇敢、机智、顽强的性格特征。此外，英语中有很多关于"狗"的褒义表达，例如：

lucky dog——幸运儿

a gay dog——一个快乐的人

love me, love my dog——爱屋及乌

a cat and dog life——争争吵吵的日子

barking dog seldom bite——吠叫的狗很少咬人

a good dog deserves a good bone——功臣值得嘉奖

an old dog will learn no new tricks——老年人很难适应新事物

因而在上述案例中，中国学生因为不了解狗这一动物形象在英语文化中的内涵而对美国学生产生了不必要的误解，导致交际情绪低落，交

际效果不佳。如果了解了这一表达的真实含义，就不会因此影响交际效果。

第二节　跨文化交际背景下英语语法教学

一、英语语法教学的意义

（一）语法具有调整功能

在学习一门语言的过程中，只学习语音和词汇是无法掌握语言正确的使用方法的，因为词汇只有按照一定的语法规则才能组成有真实含义的句子。对于高校学生来说，他们已经掌握了大量的语言材料，如词汇、短语等，根据这些材料，他们可以组成很多句子，表达很多意思；但由于语言能力有限，他们在组织句子时往往会出现句式杂糅、成分不清等情况，此时就需要运用语法知识加以调整，以使整个句子的表达更加清晰、准确。

（二）语法能够帮助学生掌握语言成分

每一种语言都是一个成分繁多、结构复杂的庞大系统，而作为语言的一个重要组成部分的语法，其本身也由很多子系统构成，每个子系统都有一定数目的语法规则，都包含一定数量的语言成分，所以语法教学的开展在一定程度上减轻了教师语言教学的工作量。学生在学习语法的过程中要清楚各个语法成分的功能和应用，教师可以以此为依据明确语法教学的各个目标。

（三）语法可以促进学生对语言的学习

从学生的角度出发，如果他们对英语学习有着足够的兴趣，并具备较强的学习能力，那么他们不用接受系统的语法知识教学也能达到较高的语言水平，但在表达语言的过程中，他们总是会存在各种问题。例如：错误的语言习惯一旦形成且无法及时纠正就容易持续存在，且后期不易更改；语言表达能力达到一定水平就难以提升，形成语言学习的"石化现象"。如果有教师针对以上现象进行语法教学，就能帮助学生解决这些问题，提高其外语语言能力，推动其对该语言的持续学习。

二、英汉语法差异

词法与句法是英语语法教学的两个主要方面。此处以句法为例阐述英语与汉语在语法上的主要差异。句法是指句子的各个组成部分以及它们的排列顺序。汉语和英语在句法方面的差异较大。汉语和英语在句法方面的差异主要体现在基本句型、主谓结构、句式以及时态方面。

（一）英汉句型差异

英汉两种语言在句型结构上存在着显著差异。汉语是一种以主题为基础的语言，这意味着在汉语中，句子的开始部分往往是上下文的主题，而其他信息则围绕这个主题展开。例如："这本书我已经读完了。"在这句话中，"这本书"是主题，"我已经读完了"是对这个主题的评论或描述，而英语则遵循主—谓—宾的语序，如"I have finished reading this book."

此外，汉语在某些情境下倾向于省略明确的主语，特别是当上下文中主语已经明确或可以通过其他方式推断出来时会省略主语，而英语却往往需要明确的主语，否则句子会被认为不完整。

（二）英汉句式差异

句式方面，英汉两种语言在提问、否定、被动等结构上有所不同。对于提问句式，汉语中的疑问句经常使用特定的疑问词或在句子末尾添加"吗"来形成疑问，如"你吃饭了吗？"而英语则经常需要调换主语和助动词的位置来构成疑问句，如"Have you eaten?"对于否定句，汉语使用"不""没"等放在动词前来表达否定意义，如"我不去""我没看"。英语则使用"do not""did not"或"have not"等结构来否定，如"I don't go.""I haven't seen."被动语态在英汉两种语言中也有所不同。汉语中的被动结构经常使用"被""给"等词，如"书被他借走了"。而英语中则使用"be"动词加过去分词来形成被动语态，如"The book was borrowed by him."

（三）英汉主谓结构差异

英语和汉语的句型和句式差异较大，但也有相同之处，如都有主谓结构，但汉语和英语的主谓结构也不是完全一致的，而是存在一定的差异。

相对于英语而言，汉语的主谓结构要更加复杂，这主要体现在两个方面：第一，在形式上，汉语主语类型多样，并且只要符合语法规范且不影响人们对句子的理解既可以出现，也可以不出现；第二，在语义上，汉语主语既能表示施事者，又能表示受事者；既能表示时间，又能表示地点；既可以是名词，也可以是动词或者形容词。

而在英语句子中，主语是肯定不能缺失的，并且有严谨的主谓一致的规定，主语通常由名词性短语或动词性短语构成。也就是说，英语句子具有主次分明、层次清晰、逻辑清楚、严谨规范的特点。例如：

原文1：作业（受事主语）写完了。

译文1：The homework has been finished.

原文2：全村到处在盖新房。

译文2：New houses are being built all over the village.

在第一个示例中，"homework"和"作业"都是句子的主语，且都表示受事；但汉语句子中的"作业"在有上下文语境支持的情况下可以省略，不影响读者理解，而英语中的"the homework"则不能省略，只能用代词代替。第二个示例中英汉主语表示的意义也不相同，英语句子中的"new houses"表示受事，而汉语句子中"全村"仍表示地点主语。

（四）英汉时态差异

英汉两种语言在时态上也存在一定的差异。英语有一套复杂的时态系统，包括现在时、过去时、将来时，以及它们的进行时、完成时和完成进行时等变种。例如："I am reading""I read""I have read""I had been reading"分别表示不同的时间和动作状态。而汉语则没有如此明确的时态变化。它依赖于诸如"了""正在""将"等词汇和上下文来传达时间信息。例如："我读书"可以根据上下文理解为现在、过去或习惯性的动作，而"我读了书"则明确表示动作已经完成。

三、跨文化交际背景下语法教学的开展

（一）有针对性地选择教学内容

基于跨文化交际的发展环境，英语教师应明确英语语法教学的内容不只是学生在九年义务教育阶段学到的语法知识，这样的内容并不能引起学生的学习兴趣，甚至可能引起学生的反感。因此，英语教师应该依据英语语法教学教材，结合学生的实际掌握情况，有针对性地选择教学内容，这个过程包括两个步骤：首先，在正式授课之前，教师可以通过调查问卷或基础测试的形式检验学生对英语语法的掌握情况，然后在备课时重点准备学生掌握欠佳的语法内容，通过课堂教学帮助学生温故知新，为其学习新的语法知识打下基础；其次，为了进一步提升学生学习英语语法的积极性和兴趣，英语教师可以将语法教学与文化教学有机结合在一起，如在举例讲授句法知识时，在例子中加入文化知识的内容，帮助学生加深语法学习的印象，使学生了解英语民族注重逻辑思维和抽象思维的特点。

（二）语法教学与技能培养相结合

跨文化交际背景下的英语语法教学不应再以支配性的角色独自出现，而应与其他技能培养相结合，如与英语听力技能和口语技能的培养相结合。听说能力的培养是为了发展学生的英语综合应用能力、提高学生的跨文化交际意识，这一点与语法知识的学习是不矛盾的，因为语法教学的目的也是帮助交际者更有效地表达和传递信息，以推动交际的进行，实现理想的交际效果。

（三）采取交互式教学方法

跨文化交际背景下的交互式教学方法就是英语教师通过设计和开展交互式教学活动，传授给学生英语语法知识和英语文化知识的方法。交互式教学活动一般有三种类型，除了常见的师生互动和学生之间的互动以外，还包括学生与多媒体设备之间的互动。显然，学生与多媒体设备之间的互动需要借助多媒体教室和网络信息技术，这就需要学校提供相应的教学条件。但无论是哪种类型的互动，都需要教师精心设计互动的方式和互动的内容，这样做的目的是加深学生对各类语法知识的理解和对各类文化知识的掌握，从而激发学生参与跨文化交际的积极性和主动性，提高学生的跨文化交际能力，为其跨文化交际活动的实践做好准备。

第三节　跨文化交际背景下英语口语教学

一、英语口语教学的意义

（一）口语教学符合语言与语言教学的发展规律

作为人类交往媒介的英语同大部分语言一样，是一种有声的语言，它有自己独特的发音、书写形式和内涵意义。人们可以使用英语的发音和拼写来传递信息、交流思想和沟通感情。在正常的交际过程中，人们通过听力和阅读来获取信息，通过口语和写作来表达信息、传递信息，听力、口语、阅读、写作这四种能力在交际过程中相辅相成，互相促进，都是正常交际活动乃至跨文化交际活动中不可缺少的交际工具。

在外语教学的发展历程中，形成于18世纪末期至19世纪中期的语法翻译法是历史最悠久的外语教学法，但由于该教学法过分注重语法规则的掌握和使用，忽视了语音和口语的教学，阻碍了学生口语能力的发展和提升而受到了人们的批判。根据语言教学重视实践的发展规律，口语教学与口语训练应贯穿在整个外语教学的过程中，这样才能促进学生英语综合应用能力的提升。现代流行的外语教学法，如"听说法""交际法""自觉实践法"等方法均强调口语训练在外语教学中的重要性。

（二）口语教学有助于学生英语词汇的积累

对英语词汇的理解和记忆一直是众多学习者需要克服的难题，实践证明，单个词的拼写和含义不利于学习者的大量记忆，而语句、段落是有情节的，将单个词放在句子和段落里，多读几遍，会更容易理解单词的含义，也更容易记忆。英语口语教学能帮助学生开展口语训练，学生在口语训练中会接触很多陌生的词汇和语法，这对于学生积累词汇、熟练运用词汇以及短语十分有益。实践证明，英语表达能力强的学生擅长通过口语训练积累词汇，并借此提高自己的口语表达能力。

（三）口语教学有助于学生英语语感的培养

要学习英语就必须培养英语语感，语感是构成学习者英语素质的核心因素，英语水平高的人一接触英语话语就能立即领会说话人想要表达的意思，同时能立即根据交谈的实际情况用英语给出自己的回应，这主要是英语语感在起作用。语感能帮助人们不必有意识地去考虑词形变化、句子构成成分等语法因素就能正确地组织语言表达自己的想法。

然而任何一种语感都不是天生的，而是依靠后天的培养和学习获得的。虽然学习和练习英语语法规则、记忆英语词汇、培养英语思维方式有助于英语语感的形成，但只依靠英语知识和英语思维是无法形成语感的，只有实践才能检验这些词汇知识、语法知识的正确用法。英语口语教学通过开展口语实践活动帮助学生培养语感，这是因为在口语实践活动中，学习者的视觉、听觉等各种感官通过不断接触新的语言材料，积累新的词汇知识，进而对英语的语音、语调、语义及语气产生较为深刻的认识，日积月累，逐渐养成了英语的语感。

（四）口语教学有助于提高口语表达能力

学习者在学习英语的过程中，开始只是对语音、语调的学习和模仿，当然也少不了英语教师在纠正口型和舌位方面的帮助，经过学习者和教师的共同努力，他们才能克服发音不标准的困难；同理，要想进一步培养和提高学生的口语表达能力，相应的口语教学和训练必不可少。第一，口语教学和口语训练有助于学生克服不擅长用英语表达的心理障碍，教师在课堂上培养学生大声朗读的习惯，学生在课下才敢开口说英语；经过教师的引导和训练，学生才会不再害怕用英语表达自己。第二，通过朗读英语对话、文章等英语资料反复练习英语口语能帮助学生形成一定的英语语感，并使学生初步养成自己的英语思维方式。

（五）口语教学有助于提升其他语言能力

在高校英语教学工作的开展过程中，口语教学不仅是培养学生口语能力的教学活动，还是促进学生其他英语语言能力发展的重要手段。口语中的听力和口语表达是相互依存、互相影响的关系，学生通过口语表达可以更加深刻地理解话语的语气、语调、重音、节奏等所包含的话语信息，并掌握重读、弱读、连读、不完全爆破等发音要领，这必然会增强学生的辨音能力，进而提高学生的听力技能。

在当前的教育环境下，书面语仍是高校英语教学的重点教学内容，这使学生在教学过程中接触的大部分语句是结构完整、语法规范的句式表达，即定语从句、状语从句、表语从句以及长难句较多。这些书面语和日常生活中人们用来交际的口语有很大的区别。然而，随着近年来语言学和语言教学科学研究成果的发展和传播，人们对口语和书面语的关系有了新的认知，人们开始认为口语和书面语应该被看作语言形式的统一体。传统上被视为口语和书面语的所有结构，在两种语体中常常交叠出现，口语表达的内容也更加复杂。在很多正式场合，如学术交流、商贸会谈、求职面试、外交谈判等场合，人们常会使用大量的、类似书面语的词语和句子结构，因此有不少学者支持在英语教学中加入高度规范、精确的口语使用教学。因此，口语教学需要和书面语教学结合起来，这样才能更好地促进学生书面语能力的提升。

口语教学和口语训练还能促进学生英语写作能力的提升。人们在日常的交际活动中通常会使用自己掌握得比较熟练的词汇、短语以及其他语法结构，这些语法结构是他们用英语进行思考、进行表达的重要组成因素。在用英语进行写作时，这些使用频繁的语法结构会首先出现在写作者的思路中，因此在口语训练中掌握规范的话语有助于提升学习者的写作能力。

二、文化因素对英语口语的影响

（一）词汇文化差异影响英语口语

各种民族的语言中除去一部分通用的核心词汇外，其他词汇一般包含民族特定的文化信息，即"文化特色词"。这部分词汇会影响学习者的英语口语表达，因为学习者通常习惯以自身的文化标准去理解这些词汇。例如：当学习者看到"yellow book"这一词语时，因为在汉语文化中黄色有淫秽的含义，因此学习者容易将这一词语理解为"黄色书刊"。但在英语文化中，由于他们喜欢用黄色的纸印刷电话簿，因此他们称电话簿为"yellow book"，也就是说，"yellow book"的本义并不是什么"黄色书刊"。

此外，汉语和英语中还有一部分词汇的语义是部分对应或完全不对应的关系。其中，部分对应是指两种语言中词语意义宽窄不同，即英语词语意义范围广，与之对应的汉语词语意义范围小；或汉语词语意义范围广，而相应的英语词语意义范围窄。例如：汉语词范围宽，汉语中的"叫"一词兼具英语中的"call、cry、shout"等词的含义；英语词范围宽，英语中的"river"一词具有汉语中"江、河、川"等词的含义，英语中的"net"一词具有汉语中"网、帐子、网络"等词的含义。

词汇语义完全不对应的情况则是指受各自语言文化因素的影响，英语和汉语中的有些词汇被赋予了特殊的社会文化内涵，这类词一般难以在对方的语言中找到含义相同或相似的词语表达。这一现象也被称为"词汇空缺"。例如：

macaron——马卡龙

chocolate——巧克力

pasta——意大利面

糖葫芦——tanghulu

宣纸——rice paper

年画——New Year pictures

由此可见，在跨文化交际的活动中，交际双方均不能简单地将英汉两种语言的词汇简单对等。

（二）习语文化差异影响英语口语

习语是语言中的一种特殊表达，是经过历史的积淀和长期使用提炼出来的固定短语或短句。从语义角度分析，习语是一个不能分割的整体，不能从某一组成部分的意义推测出整体的意义；从结构角度分析，习语的各个组成部分有着各自固定的位置，不能随意拆开或调动。如果说语言是文化的载体，那么习语就是语言的精华，由此可见习语承载的历史文化内涵。交际者在使用英语口语开展跨文化交际的过程中，如果有需要使用习语的地方，必须清楚习语背后的文化内涵，否则就可能造成交际误解甚至交际失败。例如：英语习语"like mushrooms"（如同雨后春笋一般）不能理解成"像蘑菇一样"，"as cool as a cucumber"（泰然自若）不能理解成"像黄瓜一样冷静"，"as pole as a ghost"（面无人色）不能理解成"像鬼魂一样惨白"。

（三）语篇思维方式影响英语口语

说到语篇思维方式，我们首先应该了解什么是语篇。但目前学术界对语篇的定义并无统一的标准。学者胡壮麟认为语篇是指不完全受句子语法约束的在一定语境下表示完整语义的自然语言。[①]也就是说，语篇不局限于篇章内容的格式与大小，可以小到一个小句，一个词或词组，也可以大到一首长诗，一篇散文。基于此定义和分析，学者张德禄将语篇概括为具有意义的一个单位。[②]本书结合以上两位学者的研究，将语篇定义为由词、词组、小句到多个句子组成的具有意义的单位。

了解了语篇的概念，就不难理解什么是语篇思维方式。语篇思维方式就是使用何种方式或手段构建语篇以表达、论证自己的观点或传递自己的情感。

英语和汉语在语篇思维方式上的差异会影响学习者对英语口语的表达。具体分析，英语和汉语的语篇思维方式差异主要体现在以下三个层面。

1. 词汇层面

段落是语篇的重要组成部分，在构成段落的词汇上，英语呈现出多变化、少重复的特点；汉语则呈现出多重复、少变化的特点。英语词

---

① 胡壮麟.语篇的衔接与连贯 [M].上海：上海外语教育出版社，1994：1.
② 张德禄.语篇分析理论的发展及应用 [M].北京：外语教学与研究出版社，2012：前言 2.

汇的这一变化特点是为了避免语言乏味以及突出交流的多样性、丰富性。例如：在连续描述或表达自己的观点时，英语中习惯轮流使用"I think""I believe""I suppose""As for me"等表达方式代替单一的"I think"；相比较而言，汉语中这方面的变化要求没有那么多。

2. 句法层面

英语和汉语在句法层面的语篇差异主要体现为英语中句子的重心多放在前边，而汉语中句子的重心多放在后边。这主要是因为受思维习惯和社会文化因素的影响，英语在构建语篇时通常是先阐述观点再加以论证，即判断在前、事实在后，或结果在前、原因在后；汉语则完全相反，其习惯先论证再提出观点，通过对事实的阐述得出相应的结论、对原因的介绍得出事情的结果，即句子表达的重心在后。例如：

英语：I was all the more delighted when, as a result of the initiative of your government, it proved possible to reinstate the visit so quickly.

汉语：由于贵国政府的提议，才得以这样快地重新实现访问，这使我感到特别高兴。

在上述示例中，英语和汉语语句都在陈述事情发展的因果关系。但显然，英语语句是先说结果后说原因，汉语语句是先说原因后说结果。也就是说，把重要信息放在前边讲的就是英语中的前重心表达方式，把重要信息放在后边讲的就是汉语中的后重心表达方式。

3. 多个句子合成层面

汉语语篇更注重语句之间的自然衔接与连贯。通常情况下，汉语语篇是通过使用一些词语来实现这些自然衔接与语句连贯的。汉语语篇的这一表达特征与英语语篇存在一些差异。这些差异突出表现为汉语多例证，英语多论证。

例证和论证是指在证明语篇的观点时，通过什么样的方式证明、强调语篇的观点。在汉语语篇中，例子的证明作用十分明显；而英语语篇却正好相反，其在证明语篇观点时，通常使用演绎法或归纳推理法来论证，一般只会举一个例子来解释说明观点的合理性。例如：当用英语和汉语证明读书很重要这一观点时，汉语语篇一般是通过名人名言、伟人事迹来论述努力学习对取得成功的重要意义；而英语语篇则更加理性，其一般会从读书是什么、为什么要读书和怎样读书才正确三个不同的角度去论证。例如：在英国学者培根的《谈读书》一文中，作者首先介绍了人们为什么要读书，即读书的重要性；其次在此基础上介绍了三种常见的读书方法，论述了哪一种才是最正确的，从而引发了人们对读书的思考，达到了文章的目的。

因此，英语学习者要想学好英语口语，必须清楚以上汉语和英语在语篇思维方式上的三种差异，在跨文化交际活动中多用英语语篇思维方式构建句子、段落，以便获得更好的交际效果。

三、跨文化交际背景下口语教学的开展

（一）培养学习者宽容的语言态度

通过分析英国文化协会对英语学习者人数的统计结果以及联合国发布的《世界人口展望2022》报告得知，当今时代，英语作为一种国际化的语言，其非母语使用者人数远远超过了其母语使用人数，而学习英语的人数则更多。面对这一现实，英语教师有义务引导学生充分认识学习英语不只是可以同来自英国、美国、澳大利亚等以英语为母语的人们进行交流，还可以使用英语同来自其他国家和民族的人们进行跨文化交流。

从另一个角度来讲，我们学习英语不只是为了宣传英语语言和西方文化。近年来，随着中国综合国力的增强和国际地位的提升，学习汉语的国家和地区也日益增多，中华人民共和国教育部最新统计数据显示：截至2021年底，联合国教科文组织、世界旅游组织等10个联合国下属机构将中文作为官方语言，180多个国家和地区开展中文教育，76个国家将中文纳入国民教育体系。未来将会有更多的人接触汉语，学习汉语。

在与这部分想要学习汉语的民族群体接触时，如果我国人民想要将汉语语言知识和文化介绍给他们，英语将会是一个非常重要的媒介，尤其是对于那些出国授课的国际汉语教师来讲，其更需要英语帮助他们在国外顺利地工作和生活。

所以英语口语教学兼具三项重要任务：第一，教授专业、地道的标准英语，帮助学习者使用英语同世界各国、各地区的人们开展友好的交流与沟通，促进不同文化之间的和谐相处；第二，照顾那些英语非母语使用者的心理需求，在口语教学中培养学习者开放、包容的语言态度，增强他们对多元文化的认知与理解，提高其跨文化交际的意识与能力；第三，引导学生学会用英语简单介绍汉语的语言知识和文化，为中华优秀传统文化的对外传播贡献自己的力量。

（二）增加更多自然语言的输入

跨文化交际体现在语言上首先是不同文化下口语表达的差异，基于此，英语口语教学应适当创新口语训练的方式和内容，增加多元文化语境的使用度，在口语教学内容的选择和设计上增加自然语言的成分。按照真实情境的谈话内容，世界各地不同文化背景下的口语表达可能各有特点，甚至可能有不符合语法规范的地方，如话语的重复、省略、简化等。英语教师要使学生掌握不同文化情境中英语的自然表达方式，所选的口语教材就不能只有一种，而是要想办法多搜集一些辅助性的口语表达资料，特别是真实的录音资料来帮助学生练习口语。不同文化背景下人们的语言表达内容和风格千差万别，英语教师要想办法让学生接受和适应这些具有文化特色的口语语境，以提高学生学习的灵活性和创新精神，使其适应时代和社会发展的需求。

（三）发挥交际动机与文化认同的作用

在英语口语教学中，交际动机以及学生对英国国家、民族文化的认同态度对学生的口语学习发挥着关键性的作用。英语教师要使学生明白学习英语口语的目的是发挥英语作为跨文化交际工具的作用，并充分利用由此产生的交际动机提高学生学习英语的积极性与主动性。当今世界多元文化发展迅速，影响广泛，英语口语教学也要根据时代发展的需要不断更新自己的教学内容，要做到与时俱进，以适应社会建设和学生全面发展的需要。

英语教师还可以利用学生对英语社会文化的认同态度使学生产生了解英语文化的兴趣和欲望，当然这么做的前提是英语教师本身就对多元文化的背景和特点有着丰富的认知。除此之外，英语教师更要考虑学生走出校门后遇到真实的跨文化交际情境是否能用到在学校学到的英语知识，所以英语教师要适当给学生讲授一些有实际操作性的知识。

第四节　跨文化交际背景下英语阅读教学

一、英语阅读教学的意义

（一）阅读是最便捷的英语教学方式

首先，与英语听力教学、口语教学相比，英语阅读教学可以说是最便捷、最经济、最自由也最独立的英语教学方式，无论是教师讲授还是学生自学，只要一本书、一本字典，就可以开展阅读教学或阅读知识学习。其次，对于英语教学来说，阅读教学还是一种最现实、最有效的帮助学生积累英语语言知识的形式。由于英语教学在中国属于第二语言教学，缺乏目的语教学的语言环境，因而也就缺少目的语语言知识和文化知识的输入；对于多数英语学习者来说，通过听的途径来实现语言的大量输入，掌握大量的英语语言知识不太现实。而足够的语言输入是掌握一门语言的前提和基本保证，没有了这个前提，语言的掌握和运用就无法实现。无论是之前还是现在，英语阅读都是中国学生最现实、最有效的积累英语语言知识和文化知识的途径。

（二）阅读是培养语感的最佳方法

好的英语水平是可以通过阅读培养出来的，好的语感的形成更是离不开大量的阅读。学者周健认为，获得语感的重要方式之一就是参加"自然语言实践"，即通过接触大量的语言材料，使大脑自动形成语言本身的使用规则，进而使学习主体形成一种语言结构。[①]人们的母语语感就是通过这种方式形成的。对于非母语的学习者来说，能接触足够多英语语言材料的机会就是进行大量的阅读。"书读百遍，其义自见"说的就是这种自然习得的方式。

当前，部分英语学习者认为英语阅读学习是枯燥的、困难的。对此，实际上可以采用更简单、更轻松的方式进行英语阅读。对于英语水平不高的人来说，如果想通过阅读提高自己的知识积累，就可以选择适合自己水平的、稍微简单一些的英语读物，从最简单处学起，选择生动、有趣又具有一定挑战性的读物，而不是一开始就选择难度较大的英文原著；对于有一定英语基础，想要深入了解和研究英语语言文化的学习者来说，可以选择有一定难度的英文读物，如新闻报道、报纸杂志、文学名著等资料进行学习。

（三）阅读提高学生技能和兴趣

英语学习者可以通过阅读培养自己的阅读能力，并借助阅读能力影响和发展英语综合应用能力中的其他能力，如听力、口语、写作和翻译能力。因为阅读可以增加学习者的英语知识量，这种知识量不仅体现在语言方面，更体现在文化方面。当学习者通过阅读掌握了相关英语语言文化知识时，他就可以采用各种方法技巧将这些知识应用到英语语言的实践过程中，如学习者可以将阅读学到的知识观点用在与他人讨论问题

---

① 周健. 论汉语语感教学 [J]. 汉语学习，2003（1）：62–69.

的跨文化交际过程中，或者用在英语文章的写作过程中。

随着阅读量的不断增加，学生掌握的英语语言文化知识也会不断增加，在这个过程中，学生的注意力很可能被阅读材料中的内容所吸引，进而脱离原本的阅读材料，搜集其他相关资料继续了解和学习。如此一来，学习者就能感受到英语学习的进步与成就，进而增强学习英语的信心，激发学习英语的兴趣。

（四）阅读促进学生的全面发展

英语阅读不仅能帮助学生积累英语语言文化知识、提高阅读能力，还能帮助学生提高听力、口语、写作和翻译的能力，更重要的是英语阅读能培养学生抽象概括、总结归纳、逻辑推理等方面的英语思维能力，因而说阅读能促进学生的全面发展。

二、文化因素对英语阅读的影响

（一）词语层面的影响

文化因素对英语阅读的影响首先反映在词汇理解的层面上。这主要是因为语言中的某些词语承载着一个国家或民族的文化精髓和文化特色，也就是说，这部分词语带有该民族特有的文化信息和文化内涵，这些信息和内涵在其他民族文化中是没有或者不对等的。学习者如果在英语阅读的过程中遇到这些词语，单看其字面意义是无法对该词语有深入理解的，因为只有了解该词语产生的文化背景知识才能掌握其真正的含义。英语习语、成语、谚语是这类词的代表。例如：

The book must be her swan song.

错误解读：这本书一定是她的天鹅之歌。

正确解读：这本书是她的辞世之作。

在这个例子中，如果将"swan song"按照字面意思解读成"天鹅之歌"，肯定让人摸不着头脑，因为事实上这一表达源自西方的一个古老传说，传闻天鹅在临死的时候会发出美妙的歌声，因此加上"这本书"正确的解读应该是"辞世之作"。

又如：

My sister Jenny works at a full time job and has two young babies to take care of when she gets home in the evening. Her husband Bob tries to help out, of course, but he just isn't too handy with kids. Believe me, her life these days is no bed of roses.

错误解读：我的姐姐珍妮有一份全职工作，但她晚上下班回家还得照料两个孩子。她的丈夫鲍勃当然也试着帮她分担家务，但是鲍勃就是不太擅长带孩子，所以相信我，珍妮眼下的日子可是没有"玫瑰花床"。

正确解读：我的姐姐珍妮有一份全职工作，但她晚上下班回家还得照料两个孩子。她的丈夫鲍勃当然也试着帮她分担家务，但是鲍勃就是不太擅长带孩子，所以相信我，珍妮眼下的日子过得并不舒坦。

在这个例子中，如果不考虑"bed of roses"的文化隐喻，直接将其理解为"玫瑰花床"，那么结合前文的描述也能大概猜出这个短语想表达的意思是珍妮现在的生活过得并不轻松。事实上，"bed of roses"这一短语在英语文化中的含义就是被人们用来比喻称心如意的境遇，但是近年来"bed of roses"常和 not 或者 no 连用，成为否定形式。用在这段话中，则形象地描绘了珍妮夜以继日、十分辛苦的生活状况。

（二）句子层面的影响

在英语阅读教学中，文化因素不仅存在于常见的词汇层面，而且存在于句子层面，句子层面的文化差异给学习者造成了理解句子含义的困难。例如：谚语是英语语言文化的重要组成部分，谚语是流传于民间的比较简练且言简意赅的话语，多为口语形式的通俗易懂的短句或韵语。丰富的谚语活跃在英语文化圈内，影响了学习者的阅读认知。例如：

Try not to mind other people's business and remember curiosity killed the cat.

字面含义：不要多管别人的事，记住好奇心害死猫。

深层含义：不要多管别人的事，记住知道得太多容易让自己卷入是非。

"Curiosity killed the cat." 这句谚语出自英国一部侦探小说《命运之门》，这句话常用来劝告别人不要问太多问题，因为好奇心（当你十分渴望了解某些事情时）会为你带来未知的危险。西方传说猫有九条命，但好奇心会害死猫。在日常生活中人们也可以看到那些天性爱四处探索的猫往往会使自己陷入麻烦，由此可见好奇心有多么严重。

又如：

Actions speak louder than words.

字面含义：行动比言语更响亮。

深层含义：事实胜于雄辩／行动胜于言辞。

"Actions speak louder than words." 这句话出自美国诗人朗费罗（Longfellow）的长诗 The Song of Hiawatha（《海华沙之歌》）。后来人们用这句话表示人如果有理想、有目标，不能光说不干，千言万语不如开始行动，理想不可能在空谈中变成现实，只有行动才有可能帮助人们实现目标。

再如：

Don't put all your eggs in one basket.

字面含义：不要把所有的鸡蛋放在一个篮子里。

深层含义：不要孤注一掷。

"Don't put all your eggs in one basket." 这句话是一句民间谚语。意思是如果你把所有的鸡蛋放在一个篮子里，如果这个篮子打翻了，那么你就会损失所有的鸡蛋，因此要把鸡蛋放在不同的篮子里，这样万一其中一个篮子不幸打翻，其他篮子里的鸡蛋还是完好的。这句话比喻人不应该把所有的财富存放在同一个地方或者不要把一切希望寄托在一件事上。

（三）语篇层面的影响

文章是以语篇的形式呈现的，所以学习者在阅读英语文章时不仅要注意词汇、句子层面的文化知识背景，还要了解整个文章的语篇结构及其设计的文化知识背景。中西方思维方式的不同会导致作者在构建文章结构时的操作不同。中国人归纳式的思维方式体现在文章结构上就是"归纳建构法"，即在论述某一话题时，采取由次要到主要、由背景到任务、从相关信息到主要话题的发展过程，通常把对某一事物的看法或对别人的意见和建议等主要内容放在最后，这是逐步达到高潮式的讲话方法。西方人演绎式的思维方式则引导他们采用"逆潮式"的演绎法来表达自己的看法。这种方法的特点就是把话题观点放在讲话的最前边，以引起听话人或读者的重视，接下来的部分就是对观点的逐步论证。这种思维模式造成的不同的篇章结构会使英语学习者在阅读时感到不适应。

此外，如果学习者缺乏对语篇所涉及的文化背景知识的了解，也会在阅读过程中感到迷茫。例如：文章的主题是介绍英国人的婚礼，婚礼上新娘准备了四种服饰，分别是"the old one, the new one, the borrowed one and the blue one"，这个背景介绍的意思是英国人结婚时新娘会提前准备好四种服饰，旧的服饰象征着新娘与自己原生家庭之间的感情及与过去生活之间的联系，新的服饰象征着她即将开始新的生活，借来的服饰一般是从婚姻幸福的朋友处借来的，希望他们的幸福能传递到新娘身上，而蓝色的服饰则代表新娘有一颗纯洁的、忠于爱情的心。这四种服饰有各自不同的含义，但都寄托了新娘对未来婚姻生活的展望与向往，也代表着外界的衷心祝福。如果学习者不了解这四种服饰的文化含义，在阅读时就会产生困惑。

三、跨文化交际背景下阅读教学的开展

（一）遵循多样化的教学原则

多元文化背景下的高校英语阅读教学需要遵循因材施教、循序渐进

和互相关联的教学原则。

1.因材施教原则

在开展高校英语阅读教学的过程中，英语教师需要遵循因材施教的教学原则。因为每位学生的英语水平和文化兴趣是不一样的，根据当前以学生为中心的教育理念的指导，英语教师需要观察不同学生的文化关注点，并选择恰当的教学方法，以满足不同英语水平、不同兴趣学生的学习需求，提升每个学生的阅读技能和阅读知识水平。

2.循序渐进原则

由于学生英语水平的参差不齐，英语教师在组织和开展阅读教学时，不应一开始就选择那些难度比较大的、不好理解的文化知识作为授课内容，而应遵循循序渐进的教学原则，由浅入深、由简单到复杂逐步导入相关文化知识的介绍和讲授。

3.互相关联原则

互相关联是指英语教师在阅读教学中导入的辅助性教学材料应以文章主题、文章作者、文章写作背景等相关背景知识为主，因为这些信息是影响文章创作的重要信息，掌握这些信息内容有助于学生更好地理解文章的观点和内涵。需要注意的是，互相关联原则虽然要求英语教师在阅读教学中导入文化背景知识的讲解，但这必须建立在不影响材料本身讲授的基础上，而且文化知识的导入和讲授要占据合适的比例，不能喧宾夺主，将阅读课完全变成文化课。

（二）注意教学导入的多样化

1.导入内容多样化

多元文化下英语阅读教学的开展要求英语教师在导入教学内容的时候注意多样化的特点要求。

（1）教师所选内容材料要经常变化体裁、风格，不能局限于一种，这样才能满足学生多样化的学习需求，使学生熟悉各种体裁文章的不同行文特点、行文风格，从而积累各方面的英语知识文化。英语文章阅读中可以选择的文章体裁有散文、诗歌、戏剧、小说、新闻报道、时事评论等，可选择的文章风格有浪漫主义风格、现实主义风格、理想主义风格、哥特式风格等。

（2）教师所选内容材料不能局限于一种主题，而应经常变换题材，这样才能增加学生在不同知识领域的文化水平，提高其英语阅读理解的能力。英语教师选择的阅读材料主题可以包括历史、文学、教育、风俗习惯、社会制度、百科知识等不同领域的题材。

2. 导入形式多样化

多元文化下英语阅读教学的开展要求英语教师在导入教学内容的时候注意导入形式的多样化。

（1）英语教师应根据教学的实际情况和学生的身心特点，采用注释、融合、体验、对比等多种方法导入相关文化知识。

（2）英语教师应利用多媒体教学设备和互联网信息技术以及通过精心挑选的图片、视频、音频等资料对某一英语文化现象及事物进行解释和说明，从而让学生在良好的视觉和听觉体验中了解和掌握文章中所描述的文化内涵，体验中西方文化的差异。

（三）采用多样化的教学方法

1. "阅读圈"教学法

在多元文化背景下开展阅读教学可以使用"阅读圈"教学法。"阅读圈"教学法就是教师引导和组织学生通过自主阅读、自主讨论与自愿分享的方式掌握英语知识和文化的方法。在"阅读圈"内，每位学生都自愿承担其中的一个角色，负责一项指定的工作，并一起进行读后反思。"阅读圈"教学法的主要目的是培养学生的阅读、思考和交流能力，"阅读圈"活动小组成员在活动开展前期做好充分的准备是活动能够顺利进行的保障。具体分析，在多元环境背景下开展"阅读圈"教学活动的主要活动步骤可分为以下几个方面。

（1）设计任务。教师将某项英语文化内容设为活动专题，明确活动目标和活动任务，选择并确定活动中需要用到的阅读材料并设计一些学生感兴趣的且具有教育意义的问题，帮助学生规划好解决这些问题、完成活动任务的学习模式。

（2）布置任务。在设计完活动任务之后，教师需要向学生布置具体的任务。在布置任务之前，教师应先根据学生的特点将学生分为人数基本相同的"阅读圈"，每个圈子里有六七个人。"分圈"完成后，教师再向学生介绍活动的任务和规则。然后鼓励学生在"阅读圈"内承担一定的角色，如表 6-1 所示。

表6-1　"阅读圈"活动中的成员角色分配

角色名称	具体任务
讨论组织者	主持整个阅读讨论的过程，提前准备相关问题供成员讨论
词汇总结者	挑选出阅读材料中涉及文化教学内容的重点词汇、短语和句子，引导成员开展讨论、学习
文化研究者	发现阅读材料中与本民族文化相同、相似或有较大差异的文化元素，引导圈内成员进行比较、分析
语篇分析者	分析文章的语篇构成方式，提炼重点语篇信息，与圈内成员分享
联想评价者	结合阅读材料与其中涉及的文化内容对当前的社会文化发展动态进行批判性研究与评价
总结概括者	总结阅读材料中的所有文化要素和文化内容，总结和评价本次活动的成果和不足之处

（3）准备任务。英语教师完成任务布置后，引导学生充分发挥主观能动性开展独立思考，并使学生将需要讨论的问题以及自身思考的结果用文字记录下来。由于"阅读圈"内的成员承担着不同的角色任务，因此英语教师应鼓励他们独立完成各自的任务，使其充分表达自己对英语文化的理解和看法。

（4）完成任务。在这一阶段，"阅读圈"内的各个成员依次汇报、分享自己的阅读成果，根据阅读材料进行信息加工和思维拓展，确定小组汇报的内容，并在课堂上展示最终成果。这一阶段是学生充分表达观点和自由讨论的阶段，有助于培养学生的多元文化意识和英语思维方式，因此英语教师需要特别关注这一阶段各位成员的表现。英语教师要掌控整个讨论过程，对讨论过程中可能出现的争论不休或偏离主题的情况及时制止，使学生的关注点一直放在材料上。

（5）评价任务。在评价任务阶段，英语教师需要鼓励各个"阅读圈"进行自我评价和相互评价。在互相评价时，各"阅读圈"可以根据该"阅读圈"最终的成果展示以及各成员的讨论表现进行打分。学生自评和互评结束后，教师再进行活动总结，点评各"阅读圈"的整体表现以及学生的个人表现。需要注意的是，教师在点评时要注意尊重学生对不同文化的看法，关注学生文化知识的掌握情况和跨文化意识的形成。

2."角色扮演"教学法

在英语阅读教学中，英语教师可以根据英语国家日常交往的风俗习惯和社交礼仪对阅读材料进行改编或延伸，按照不同的言语功能，如问候、问路、购物、求医、求职等设计相关情境，让学生分角色扮演，并对教师设计的情境进行演绎，从而活跃课堂气氛，提高学生的学习兴趣，以及提升学生对交际知识、文化知识的掌握能力和运用能力。

第五节　跨文化交际背景下英语翻译教学

一、英语翻译教学的意义

大学生应该掌握的五项基本英语技能包括听、说、读、写、译，但在实际的英语教学中，部分英语教师更注重对学生英语听、说、读、写技能的培养，而随着时代的发展和社会的进步，英语翻译技能越来越受到人们的重视。

（一）翻译是学习外语的一种手段

近年来，随着教育理念和教学思想的不断更新，人们对英语教学方法的选择也发生了变化。之前，人们倾向于使用语法翻译法开展教学活动，但随着时代的发展，人们又开始倾向于选择听说法开展教学。实践证明，在学生已经具备一定英语水平的情况下，英语翻译教学法有利于提高学生的英语水平和综合应用英语的能力。因为只有通过不同语言之间的对比和分析，学生才能更加深刻地了解不同语言的特点，才能掌握英语词汇、语法等语言知识的应用方法。

（二）翻译是开展交际的一种工具

尽管不同学习者学习英语的动机不同，但有相当一部分人还是把英语当作一种交际工具来学的，而使用这种工具就必然涉及翻译。没有翻译，我国就不能与世界各国、各地区在政治、军事、经济、文化、教育等领域展开友好交流与合作，因为不是所有参与这些活动的人员都能直接用英语开展对话，此时只能依靠翻译，尤其是人工翻译来帮忙。

（三）翻译促进文化的交流与融合

自从人类群体诞生语言、文化以来，不同群体之间的信息传达与沟通、文化交流与融合全都依托翻译来进行。翻译如同一张看不见的网，将不同地域、不同民族的文化编织在一起，翻译在不同民族文化的交流中扮演着重要的角色。无论哪一个国家或民族，只要想与语言不通的其他民族联系，就需要借助翻译的力量，否则就无法学习先进的知识和技术，无法交流文化，从而阻碍自身的发展与进步。

对于我国来说，翻译促进了中国文化与外来文化的交流与融合，这一点在文学作品的译介上体现得尤为突出。学者谢天振曾指出，翻译文学对中国现代文学中主要文学样式的诞生与发展起到了巨大的，甚至是决定性的作用，如白话小说、新诗、话剧等。①没有翻译，我们不能欣赏到来自世界各国优秀的文学作品，会在一定程度上影响我们的文化学习与文化审美。

二、文化因素对英语翻译的影响

翻译这种语言符号转换活动不仅针对语言的变换，还注重形式的变化和文化的影响。文化的两面性和三个因素影响着翻译的内容和形式。文化的两面性是指文化具有共同性，因为任何文化包含的内容都有相通之处，这些相通之处就是翻译进行的基础，同时文化具有多样性，文化的多样性为翻译活动增加了难度。而影响翻译的三个文化因素是指知识文化因素、观念文化因素和隐性文化因素。

（一）知识文化因素

知识文化包括生活习惯文化、生活环境文化、物质生产文化、科技文教文化方面的知识。这些知识内容在原文化中是人们非常熟悉甚至是人人皆知的，但被翻译成目的语时，可能需要进一步的文化解析。下面本书以生活习惯文化知识和生活环境文化知识为例进行分析。

1. 生活习惯文化知识

在中国的传统文化中，人们对饮食非常重视，因为在过去，吃饭问题是人们生活中的头等大事，所以人们在日常见面打招呼时喜欢问对方"吃了吗？"达到问候和寒暄的目的。发展到现代，人们问这个问题的初衷也发生了变化，问"吃了吗？"并不是真的想知道对方有没有吃饭，而只是想跟对方简单地打个招呼。如果要翻译成英语，不必翻译为"Have you eaten your meal?"之类的话，只需简单的一个"Hi!/How are you."即可。

---

① 谢天振. 译介学概论 [M]. 北京：商务印书馆，2020：167−186.

中国文化中还有很多由"吃"引申出来的内涵词语，这些词语在英语中不能直接按照字面意思进行翻译，而是要根据内涵意义分别进行"意译"，例如：

饭桶——good for nothing

吃香——be very popular

吃不开——be unpopular

2. 生活环境文化知识

不同的民族生活在世界上不同的国家和地区，由于生活环境的差异，形成了不同的文化，积累了不同的知识。以汉语和英语为例，由于中华民族长期生活在多山的内陆地区，山对于中国文化具有特殊的意义。在汉语中，人们用"青山不改，绿水长流"来形容长久的友情。而以英语为母语的大部分国家或地区因为傍海，所以海洋对他们的生活产生了深远的影响，他们更倾向于使用"sail in the same boat"来形容伙伴间的亲密关系，意指同乘一条船，共患难。

居住环境是生活环境的重要组成部分，房屋建筑是居住环境必不可少的元素。在中国的传统文化中，房屋建筑文化独树一帜，内涵丰富，由此产生了不少有特色的语言表达，例如：

大门不出，二门不迈——Never leaves the house to make contact with outsiders.

雕梁画栋——Carved beams and painted rafters a richly ornamented building.

（二）观念文化因素

观念文化的内容包括宇宙观、宗教信仰、艺术创造、认知方式、思维方式和价值观等。其中，价值观是整个文化体系的核心，由于民族和文化的差异，中西方价值观也存在较大的差异。这些差异所造成的误解是首先需要解决的。例如：汉语和英语文化中对相同概念的表达各不相同，两种语言在互译的过程中，译者需要注意表达方式的转换。例如：

百闻不如一见——Seeing is believing.

有志者，事竟成——Where there is a will, there is a way.

过犹不及——Going too far is as bad as not going enough.

功夫不负有心人——Everything comes to him who waits.

苍天不负有心人——All things come to those who wait.

（三）隐性文化因素

口译作为翻译的一种，是一种实时的跨文化交际行为，是特定语境下的文化传播行为。在口译活动中，译者除了要注意较为明显的知识文化因素和观念文化因素对翻译的影响，更要注意隐性文化因素在翻译中的作用。隐性文化因素的误译往往会引起交际误会，造成不良的交际影响。隐性文化因素包括一些礼节性的场面话、客套话。众所周知，中国素有礼仪之邦的美称，讲究文明、礼仪、谦让，尤其是在接待客人或举办大型活动时，会有专人说一些礼节性的场面话。这些话一般根据具体语境灵活翻译，不用直译。例如：

当来自西方国家的专家受邀参观或者拜访中国的公司或组织时，中国的接待人员在介绍完参观项目时喜欢客气地询问来访者的感受或意见："您认为哪里有需要改进的地方，请提供宝贵意见。"此时，译者不能直接将宝贵意见直接翻译为"valuable opinions"，因为来访者会认为如果真的提了意见就说明自己不够谦虚，好像是在说："Yes, my opinions are valuable, please listen carefully."（对，我的意见十分宝贵，请认真听）。而为了显示自己的礼貌，他们会表示自己没有什么意见。因此，在这种情况下，这句话应翻译为"Your opinions will be appreciated!"或"Please share your advice with us and we would appreciate it very much!"（您提的意见我们会尊重并认真考虑的！）。

中国人在接待客人时往往准备得十分认真，尤其是接待外国友人来访时，各方面会安排得比较细致，会把自己最好的一面呈现给客人，希望客人有好的参观体验。但当外国友人对中国人的接待工作感到满意并表示感谢时，中国人经常给出谦虚的回复，如"招待不周、准备工作做得不够好、如有不周之处还望海涵之类"等，或者直接表示"这是我们的工作，是我们应该做的"。这类场面话在中国文化里是表示谦虚和客气，但如果直接翻译出来，来访者领会到的意思与举办方想要表达的意思可能大不相同，有时甚至会产生误解，认为举办方真的没有用心招待自己。

如将回答"这是我们的工作，是我们应该做的"直接翻译为"This is our work, we must do this"，就会显得官方和生硬，给对方一种"你是出于工作而不是真心想为我服务"的感觉。译者此时应考虑西方文化中回复感谢的表达重点，用"It's my pleasure."或"Glad I could help."进行回复。

送别客人时，中西方都会跟客人说"有时间再过来看我们"（Come and see us sometime.）。在这一点上，中国人和美国人表达的都是礼貌，是客气，不是真的在邀请或计划客人下次什么时候来。而在澳大利亚文化中，一旦主人发出这种邀请信号，客人就要认真考虑下次什么时候去玩。造成这种文化差异的原因是，各个民族有不同的礼貌文化、不同的民族性格和用词习惯。因此，翻译活动要根据具体的交际情境来开展，译者应不断培养自己的跨文化知识和跨文化意识。

三、跨文化交际背景下翻译教学的开展

教师在跨文化交际背景下开展英语翻译教学时除了要从词法、句法等知识层面来教授翻译技巧之外，还要使学生认识到文化因素对翻译实践的深刻影响。具体分析，教师要帮助学生树立文化翻译的意识，引导学生在翻译过程中遵循文化翻译的原则，使学生采用文化翻译的方法。

（一）树立文化翻译的意识

要树立文化翻译的意识，首先要了解文化翻译的概念。文化翻译的概念可以分为广义和狭义两个层面。从广义层面分析，文化翻译是一种文化翻译成另一种文化的过程，目的是促进文化之间的沟通与交流，实现社会群体之间的平等对话。从狭义层面分析，文化翻译就是对源语文本中存在的文化因素及其他文化内容的翻译。

根据文化翻译的概念，教师要继续引导学生在翻译的过程中注意观察文化差异在翻译中的体现，如词汇空缺和语义空缺。词汇空缺主要是指英语和汉语中存在的文化特色词现象；语义空缺则是指不同语言中表达同一概念的词语存在不同的文化内涵，如某些色彩词在英汉两种语言文化中被赋予了特殊的含义。经过上述概念认知和实践观察，学生会慢慢树立起文化翻译的意识。

（二）遵循文化翻译的原则

如图 6-1 所示，文化翻译的原则主要包括以下几个。

1. 文化对等原则

教师应告知学生文化翻译首先应该遵循的总体性原则是文化对等原则，因为文化没有高低、优劣之分，学习者开展文化翻译的主要目的应是传播不同民族的语言和文化，促进世界多元文化之间的沟通和交流。在翻译的过程中，学生既是源语文本的接受者和理解者，又是译语文本的创作者和传播者。这一现实情况就需要学生在忠实于源语文本的前提下，本着文化使命意识和对原作者、对读者负责的责任感，把握翻译的过程与方法，提高翻译的质量。

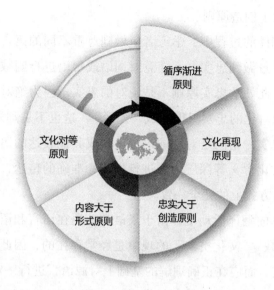

图 6-1 文化翻译的原则

2. 循序渐进原则

任何一种文化的传播都要经历认知、理解和接受这三个阶段，要想完成这三个阶段需要一个漫长的过程，因此文化翻译应遵守循序渐进的原则。在循序渐进原则的要求下，学习者应从文化传播和翻译实践的角度出发，不断提升自己的理解能力和文化感悟能力，在翻译过程中遇到两种语言文化差别较大或目的语文化中缺少的文化因素时应尽量准确地描述出来，不能死译和硬译，要在尊重不同文化、了解不同文化差异的基础上，有意识地输出中国文化，从而帮助读者了解中国文化。

3. 文化再现原则

在全球一体化和文化多元化发展的今天，翻译能够帮助不同民族的人们进行跨文化交流的工具性得到了越来越多人的认可。翻译的性质与翻译的任务决定了翻译的过程实质上是文化再现的过程，因此文化翻译需要遵循文化再现的原则。就汉英翻译来说，文化再现能使译语再现汉民族语言文化的特色与内涵。

4. 忠实大于创造原则

在文化翻译的过程中，学习者应做到尊重不同的语言文化，即在翻译的过程中尽量做到忠实，不随意对词语或短语进行删减或者修改。需要注意的是，此处的忠实原则不是绝对的忠实，因为绝对的忠实是不存在的，坚持绝对化的忠实只能造成"死译"，这也不是翻译的最终目标。此处所说的忠实，指的是对原词语、短语或其他表达的语义、意义等表层内容以及文化含义等深层内容进行如实、准确的传达，而不是刻意追求二者在表达方式上的完全一致。

但在具体的翻译活动中，由于汉语和英语在语言和语言文化上的差异，"概念空缺""文化空缺"的现象是经常存在的，因此译者不能拘泥于绝对的忠实，而应在正确理解的基础上对源语言进行一定程度的创造，尤其是对于一些诗词歌赋的翻译来说，对源语文本的创造还属于汉语审美价值的体现，最重要的是要展现汉语语言的精髓。此处需要强调的是，这种创造应基于语言文化的基本意义和文化内涵，不能随意地空想或者毫无关联地扭曲事实。

5. 内容大于形式原则

内容大于形式原则也可以称为内容第一、形式第二原则。此处文化语言的内容指的是文化语言的基本含义、情感意义乃至文化内涵，文化语言的形式指的是语言在表达内容、内涵意义时使用的语言外壳，如该词语或短语采取了什么样的修辞手法、使用了什么样的体裁等。

具体分析，在文化翻译的过程中，学习者应把对源语内容的准确把控和精准传递放在翻译任务的首位，并尽量保留源语的文本形式，这样才能更好地将源语的文化特色传递出来。还有一种情况，如果想要保留源语原来的表达方式就会造成源语内容的变更，那么学习者应毫不犹豫地放弃原来的表达方式，选择以内容为主的翻译形式。形式的存在是为内容服务的，如果内容因为形式而改变，形式就失去了存在的意义，即使形式再完美，也不符合翻译的目的。

（三）采用文化翻译的方法

教师在传授给学习者文化翻译的原则之后，还要引导学习者根据翻译目标和翻译要求灵活地选择翻译的方法。在文化翻译过程中，比较常用的几种方法有意译法、省译法、音译法、借译法和增译法（图6-2）。

图6-2 文化翻译的方法

1. 意译法

在很多翻译实践活动中，由于两种不同语言的表达方式和文化内涵差异较大，目的语中缺少能有效表达源语中具有文化色彩的词语，且采用其他方法也无法很好地表达源语文本中的文化内涵。在这种情况下，学习者就适合采用意译法进行翻译。采用意译法进行翻译时，学习者往往不用考虑源语文本的语言形式和字面含义，而应把翻译源语信息的意义作为首要的翻译目的，这个方法的缺点是可能会造成源语文本承载文化内涵的缺失，也就是说，这种翻译方法可能会使源语文化意象受损。例如：

原文：In fact, that was a Greek gift to him.

译文：事实上，那是图谋害他的礼物。

原文中的"Greek gift"这一表达出自希腊神话中的"木马计"这一故事，其文化含义为"图谋害人、意图不轨"。如果采用直译法进行翻译，翻译后的句子就是"事实上，那是给他的希腊礼物"，显然，这样的翻译会令读者感到不明其意、难以理解。

2. 省译法

省译法也是在文化中经常使用的一种策略，具体的操作方法是删除或省略一些不必要的语言表达，这些语言表达的作用往往是使句子读起来更有趣味，并不包括对意义的传达。省略法从根本上来说是为了避免表达内容重复，信息冗余，是为了使译文更加简明扼要、突出重点。例如：

原文：三十六计，走为上计。

译文：The best stratagem is to quit.

在上述示例中，"三十六计，走为上计"本来是汉语中的一个成语，出自《南齐书·王敬则传》："檀公三十六策，走是上计，汝父子唯应急走耳！"原指在战争中士兵将领如果遇到对自己十分不利的形势时就逃走。现多用在日常生活、工作中，当人们遇到对自身发展不友好的局面时，就选择暂时退出、保存实力，以求日后重新来过，或寻求其他出路的心态。根据以上分析可知，"走为上计"是该源语表达的重点，译者因此选择性地省略了对"三十六计"的翻译，突出了句子的重点含义。

3. 音译法

每一种文化中都有自己特有的物象，这些现象体现在两种语言的转换过程中就是在源语文化中存在的物象表达在目的语中是"空缺"或"空白"的现象。此时，采用音译法将这些特有事物的表达复制到目的语中是比较合适的做法。采用音译法对文化词语、短语进行翻译，能最大限度地把文化中的语言特点和文化特色保留下来，也能给听者留下深刻的印象。例如：

原文：这些印有福娃的邮票非常有纪念意义。

译文：The stamps printed with Fuwa are commemorative.

在这个例子中，北京奥运会的吉祥物"福娃"最早的翻译其实是"Friendlies"，这个翻译在当时受到了大家的质疑，因为关于福娃的文化特色完全被磨灭了，也无法体现中国语言的文化内涵。而作为吉祥物，其功能就是体现奥运会主办国的国家及民族特色，因此这个翻译没有得到奥委会的认可。为了体现中国的文化特点和民族特色，最后翻译组采用了"Fuwa"这个翻译方案。

4. 借译法

由于不同民族所处的地理环境、居住条件，所拥有的历史、风俗习惯以及宗教信仰不同，因此在面对同一种事物或同一类事件时，不同的民族会有不同的理解和认识，这种现象在语言文化上的体现就是，在两种不同的语言中会存在字面意义不同但语用意义相同或相近的词语或短语。在文化翻译的过程中，如果遇到这种语言文化差异，学习者可以使用借译法借用目的语中具有相同文化色彩的词语或短语表达源语中的一些内容。这种现成的译法表达地道，能快速被目的语读者理解。在口语交际过程中，该方法还可以提高交际双方的效率，节省译者的精力。如果没有现成的译法，在合理的条件下套用英语中某些短语的表达句式也是可行的。例如：

原文：关起门来以邻为壑，是解决不了问题的。

译文：The closed door and beggar-thy-neighbor policies cannot resolve problems.

例子中的"以邻为壑"出自《孟子》的"是故禹以四海为壑，今吾子以邻国为壑"。"壑"的意思是深谷、深沟。整个成语基本含义是当洪水灾害来临时，有些国家把邻国上好的田地当作排水的沟坑，把本国的洪水引到那里去；后比喻有些人为了自己的利益不顾他人的安危，把问题或者灾祸转移到别人那里。如果采用直译法会比较费事而且读者不容易理解。英文中的"beggar-thy-neighbor policy"指本国采取的政策行动尽管对本国经济很有好处，却损害了其他国家的经济利益。该短语的深层含义与"以邻为壑"十分类似，因此可以采用借译的方法代指其意。

5. 增译法

增译法也可以称为解释性翻译法或者补充法，这是翻译时需要采用的基本策略之一。采用这种方法的原因是，在源语文本中经常会有一部分内容是具有文化色彩的历史事件、人物或典故，而译者在翻译的过程中是以源语为基础的，为了使听者能更好地理解目的语所要表达的含义乃至文化内涵，有时则需要译者对源语的一些历史背景、人物信息或其他相关内容进行解释。这样既能保留源语的文化色彩，又方便读者的理解。例如：

原文：The staff member folded like an accordion.

译文：这个工作人员像合拢起来的手风琴似的——不吭声了。

在这个例子中，源语文本巧妙地利用闭合的手风琴来形容沉默的工作人员，因为手风琴作为一种外国常见的乐器，在其演奏发声时是需要打开的；如果将琴体合上，它就会停止发声。对于不了解这一乐器的中国读者来说，如果译者只翻译成"这个工作人员像合拢的手风琴"，可能会令中国读者感到疑惑；而当译者增加了对合拢手风琴的解释之后，读者理解起来就容易多了。

第七章 跨文化交际背景下英语教学的未来展望

第一节 跨文化交际背景下英语教学的改革措施

随着教学改革措施的研究与实施，我国的英语教学工作已经取得了显著的成绩，但随着时代的发展和社会的进步，也出现了一些新的问题，正面临新的挑战。因此，不断深化英语教学改革、促进英语教学的创新发展势在必行。跨文化交际背景下英语教学的改革可以从以下三个方面进行。

一、教学观念

现行《大学英语课程教学要求》将大学英语的教学目标设定为培养学生的英语综合应用能力，特别是听说能力，使他们在今后学习、工作和社会交往中能用英语有效地进行交际，同时增强其自主学习能力，提高综合文化素养，以适应我国社会发展和国际交流的需要。而要实现以上教学目标，首先需要转变教学观念。教学观念的转变要从两个方面入手：教学目标的转变和教学主体的转变。

（一）教学目标的转变

教师想要转变教学观念首先要转变教学目标，而要转变教学目标可以将之前的教学目标与当前的教学目标做对比。20世纪80年代以后很长的一段时间内，我国的英语教学目标是培养学生较强的阅读能力、一定的听的能力、初步的写和说的能力，使学生能够将英语当作获取专业信息的工具，并为学生进一步提高英语水平奠定较好的基础。

在跨文化交际背景下开展英语教学要重视对学生听说能力的培养，主要是因为很多跨文化交际活动是实时的、以口头交际为主的活动，在这种情况下，学生需要具备较高的英语听说能力，因为只有这样他们才能准确地接收、理解交际对方想要表达的含义，才能正确地表达自己的思想或观点。当然，并不是所有的跨文化交际活动都是实时的口语交际活动，还有一部分跨文化交际活动发生在线上，需要交际双方展开书面交流。因此，人们所说的要重视对学生听说技能的培养并不是就此忽视对学生读写能力的培养。英语听说能力的提高离不开读写能力的辅助，学生在习得目的语的过程中需要输入大量的信息并利用内部语言系统进行加工，然后输出为一定程度的外部语言，而阅读是信息输入的主要途径。总而言之，英语的听、说、读、写、译五项技能的培养相互影响、相互促进，缺一不可。之前的英语教学活动忽视了对学生听说能力的培养，现在需要逐渐纠正这一错误倾向，但也不能走向另一个极端，只有各种素质、各项技能均衡发展，才能促进学生的全面发展，使学生的英语水平不断提高。

（二）教学主体的转变

随着国内外教育形势的不断发展，广大英语教育工作者与教师开始接受新的教学理念。其中，以学生为中心，着眼于学生思想、情感、认知、需求、个性的培养与发展等就是新的教学理念的体现。

在传统的课堂教学模式中，教师是课堂教学的主体，负责教学计划的制订、教学活动的设计、教学成果的考核等，学生多是被动地接受知识、消化知识，不用花太多的时间和精力去思考如何总结、归纳和判断。这种以教师为中心的被动式方法一方面削弱了学生参与教学活动的积极性，另一方面导致了学生对知识理解得不深刻、掌握得不熟练。如果教师在英语教学中长期使用这种教学模式就会导致学生对教师形成学习上的依赖，学生学到的只是"哑巴英语"，学生的英语综合应用能力也无法得到有效提升。

当今时代，我国对教师、学生、教学以及教育在社会中应有作用的评价导致了价值取向的教学观念的形成。现在流行的语言课程文献、校本课程发展、行动研究等都属于价值取向的教育体系。其中，以学生为中心的教学模式就是价值取向教学模式的突出代表。

以学生为中心的教学模式强调学生价值观的发展、自我意识的提高、对他人的理解能力的培养、积极参与学习活动以及转变学习活动的方式等。这种教学模式下的学生中心教学法则认为学生应该学会自我控制、应尝试自己做出决定并对自己的决定负责。而学生的需要不同，学习兴趣不同，学习方法也不同，所以在具体的教学实践过程中，教师应该向学生提供有效的学习策略，帮助学生找到适合自己的学习方式、培养学生完成课程任务所需要的技巧，鼓励学生树立自己的学习目标，使学生形成评价的技巧。

除此之外，以学生为中心的教学模式还认为要想取得最佳的教学效果，需要各学科专业的教师与同行合作。在教学的各个阶段，同事之间的互动和合作对教师和学生的发展大有裨益。对于学生而言，教师之间的交流有利于教师全面掌握他们的学习特点、学习情况以及其他方面的发展情况，因而有利于教师制订更符合他们学习发展需要的教学计划，促进他们的全面发展；对于教师而言，相同学科教师之间的专业知识交流、教学技巧探讨能促进教师教学水平的提高，促进他们解决实际教学过程中的问题。

二、教学内容

认知理论是英语课堂教学内容改革的理论基础，建构主义学习理论

225

则是英语课堂教学内容改革的本质要求。在跨文化交际背景下，英语教师应该通过课堂教学帮助学生构建个性化的英语语言体系。因为英语语言体系作为一个动态的有机系统，包括语音、词汇、语法、文化、语境等要素，这些要素是学生掌握英语语言能力的基础。英语语言能力包括语言的输入和输出两方面，具体来说，分为听、说、读、写、译五种技能，这五种技能相辅相成、相互影响，构成了学生内化的英语语言能力。

　　跨文化交际背景下英语课堂教学的内容应包含英语语言体系中的各项要素知识及其之间的紧密联系，在英语教师的指导和帮助下，学生能通过自主学习掌握这部分内容。在此基础上，教师通过对学生施行听、说、读、写、译等语言技能的训练，使学生巩固英语语言体系知识，进一步理解体系内各要素之间的联系，从而帮助学生实现英语语言知识的内化，使学生掌握学习英语的正确方法。

　　构建个性化的英语语言体系具有实践性和可操作性，但也不是一朝一夕就能完成的工作。因为目前中国的学生还比较依赖英语教师的指导和帮助，还没有掌握较好的自主学习的方法。对此，英语教师应认真学习功能语言学、认知心理学、外语教育技术学等相关语言教学理论的最新研究成果，并在这些理论的指导下研究和分析教学内容和教学对象，比较英汉两种语言的异同，重新归纳、总结英语语言规则；分解教学目标，将大的教学目标细化成有机的英语语言知识要素；指导学生根据各自的英语能力和学习能力对照详细的教学目标设计个性化的英语语言体系。

三、教学方法

　　英语教学方法有很多，如讲授法、语法翻译法、直接法、听说法、全身反应法等。这些教学方法是不同时期不同教学理论的产物，是为了不同历史时期不同教学目的而服务的。需要指出的是，这些教学方法都对外语教学工作的开展做出了较大的贡献，有些方法直到今天还被英语教学工作者应用在教学实践中。

近年来，一些新的教学方法陆续从国外引进国内，这些教学方法的出现在一定程度上拓宽了英语教师的视野，丰富了他们的教学经验，也给英语教学注入了新的活力。但部分英语教师在英语教学方法的研究和实践中陷入了一定的误区。一些教师为了追求新鲜，彰显时髦，全盘否定了传统的英语教学法，一味推崇新的教学方法。要知道，新的教学方法未必适合所有的教学情况，因此教师在选择教学方法时需要考虑很多因素，如教学目标、教学内容、教学对象、教学条件等。英语教师应该博采众长、取长补短，并根据课堂需要运用各种教学法中最有效、最适用的部分，逐步形成具有个人特色的教学方法体系。

归根结底，进行教学方法改革的最终目的是构建和谐的教学氛围，为学生营造良好的学习环境，从而促使学生认真听讲、积极参与教学活动，以达到较好的教学效果。英语教师要构建和谐的教学氛围、营造良好的学习环境可以从以下两个方面出发。

（一）进行课堂提问

课堂提问简称提问法，提问法本是一种较为传统的教学方法，但部分教师对提问法的作用和具体操作方法还没有完全了解，因而无法达到较好的教学效果。

提问法主要有四种作用：第一，可以检查学习者对所学知识的掌握程度，或检查学习者某一阶段的教学成果；第二，可以及时跟进学习者的学习状态，看他们是否在认真听讲，是否一直保持着对学习的热情；第三，在询问学生的认知经历或对某事物的评价看法时，可以促进学习者思考能力和思维能力的提升；第四，具有承前启后的作用，可以帮助师生自然地过渡到下一阶段的学习。

提问法的作用虽然明显，但提问法使用不当也会给学习者造成一定的压力，让他们害怕教师的提问，从而不利于师生之间的平等交流。为了避免这种情况的发生，教师要从以下三个角度出发提问：教师只提与教学目标和教学内容相关的问题，不提与学习内容无关、分散学生注意力的问题；教师应根据学生的能力水平提问，不提超出学生回答能力的问题，可以提有一定难度的问题，但不要求学生回答得完全正确；教师不提故意刁难学生的问题，要照顾学生的自尊心和自信心。

而为了提升学生回答问题的速度与质量，教师所提问题要有质量，不要提那些不合适的问题，应尽量提一些符合学生身心发展规律的高质量问题。例如：①开放式问题。此类问题通常以 w 或 h 开头的特殊疑问词组成，如 what、where、who、how 等。②确认理解问题。此类问题具体可分为三类：确认学生理解了教师的提问；确认教师理解了学生的回答；确认学生完成了自己的回答并不会修改。而不合适的、低质量的问题也分为三类：只能用"是"或"不是"回答的封闭式问题；给予学生答案或具有明显暗示的引导式问题；只能答出部分答案的多重式问题或过于简单的问题。

（二）开展头脑风暴

头脑风暴法（Brainstorming），是美国学者阿里克斯·奥斯本（Alex Faickney Osborn）于 19 世纪 30 年代末期提出的参与式教学模式，它是一种针对学习者创造能力提升的训练方法。"头脑风暴"这一词来源于精神病理学，一开始用来喻指精神病患者精神错乱的状态，现用来比喻人的思维十分活跃，人的大脑在相互碰撞、相互讨论中产生了新的观念和新的设想。头脑风暴法的特点是学习者根据特定的话题或议题，发散思维，敞开思想，快速地、不受约束地表达自己的观点和想法，来自不同学习者的不同的设想相互碰撞、互相影响，从而在学习者的大脑中激起创造的风暴。

"头脑风暴"的参与面很广，每个人都在毫不吝啬地分享自己的观点，因而从旁观者的角度看，学习者讨论得十分激烈，但激烈并不等同于有效。科学有效的头脑风暴并不容易组织。英语教师组织头脑风暴活动可以按照以下环节，并遵循以下原则。

1. 基本环节

（1）明确议题。教师最好以书面语的形式将议题写到黑板或展示板上，这样所有的参与者就能清楚地看到这个议题，并且在讨论的过程中看到这个议题名称也不容易跑题。

（2）准备资料。在正式开始发表意见之前，为了提高参与者的表达效率和整个活动的效率，教师可以在讨论前准备一些资料，以便参与者了解议题的相关背景知识。

（3）确定人选。组织头脑风暴活动一般需要 8 到 10 人，也可以是 6 到 8 人，人太多不容易组织管理，人太少则起不到激发思维的作用。

（4）明确分工。教师要分别选出服务活动的一名主持人和一名记录员。主持人主要负责重申议题、强调纪律、启发引导、掌握进程；记录员的主要职责则是简要记录所有相关设想。

（5）规定纪律。无规矩不成方圆。根据头脑风暴的原则，教师可以规定几条纪律，要求参与者遵守，以便活动有序进行。

（6）掌握时间。讨论的时间由教师与主持人掌握，不适合在讨论前定死，一般来说，几十分钟即可。

2. 基本原则

在高校英语教学过程中实施头脑风暴法的基本原则如图 7-1 所示。

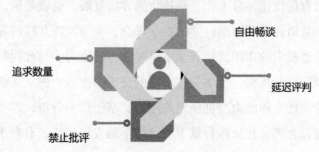

图 7-1 头脑风暴法的实施原则

（1）自由畅谈。这一原则是最基本也是最主要的原则。参与者运用自己掌握的知识自由地发表评论，可以从不同的角度、不同的层次出发大胆地展开想象和论述，不必担心自己的观点过于独特，教师和其他参与者应以宽容的心态包容不同的意见和想法。

（2）延迟评判。开展头脑风暴活动是为了激发参与者勇于发表自己的看法，不是为了评判某一观点是否正确，因此必须坚持不能当场否定某一看法，也不要发表评论性的意见，否则可能打击参与者发言的积极性和自信心，所有的评价要延迟到活动结束后再进行。

（3）禁止批评。禁止批评是头脑风暴法应该遵循的一个重要原则，也是对延迟评判原则的一个延伸。参与这项活动的每个参与者都要尊重他人的设想，不要随意提出否定或批评意见，以免抑制参与者的创造性思维。

（4）追求数量。追求数量原则是因为头脑风暴活动的目标是收获尽可能多的创新设想，因而追求数量也是它的一项重要原则。

第二节　跨文化交际背景下英语教学的发展趋势及实施路径

随着教学理念的更新和教育技术的进步，跨文化交际背景下的英语教学应该向着现代化、自主化、科技化的方向发展，也就是说，跨文化交际背景下的英语教学要根据科学的教学理念，充分发挥互联网等现代信息技术在教学过程中的作用，培养学生自主学习的能力。与此同时，教师需要把握面授交流的机会，让学生在不断的交流与探索中树立正确的文化意识，提高跨文化交际能力与创新思维能力。基于以上分析，本书认为，混合学习课程符合跨文化交际背景下英语教学的发展趋势，有利于实现英语教学的目标。下面本书就对混合学习课程的构建和实施进行介绍。

一、混合学习的概念

混合学习模式是当代教育学界所关注的一种热门学习模式，但不同的人对"混合"二字的理解不同。有些学者认为混合学习就是多种学习理论和教学理论指导下的学习模式，如由认知主义、建构主义、行为主义理论指导设计出的学习模式；有些学者认为混合学习综合了"以教为中心"和"以学为中心"两种教学模式；有些学者认为混合学习应同时包含面授学习模式和在线学习模式，这种看法与将混合学习定义为多种数字媒体结合学习模式的观点类似；还有些学者认为混合学习是面授学习、自主学习与合作学习模式的融合。

国外学者辛格（Singht）、瑞德（Reed）认为，混合学习注重选择合适的教育技术来匹配学习者的学习风格，以便在合适的时间将合适的知识技能传递给合适的人。①

中国学者何克抗认为，混合学习就是在引导学习者开展学习活动的过程中，结合传统学习方式和网络学习方式的优势帮助学习者掌握相关知识和技能；既要发挥教师在学习过程中的主导作用，又要体现学生作为学习主体的主动性与创造性；只有将二者的力量结合起来，才能获得最佳的学习效果。②

结合当今时代互联网教育迅速发展的教育教学背景，本书将混合学习定义为，在学校教育、教育机构培训或社会教育培训项目中，依据教育培训的目标、学习者的学习需求、教学资源的类型和教学活动的设计，结合传统学习方式、数字化学习方式和在线学习方式形成的综合学习方式。就目前的实际应用情况来看，混合学习模式大多是将面授学习和在

---

① SINGH H, Reed C. A white paper: achieving success with blended learning[J].*Central Software Retrieved*, 2001, 12（3）: 206-207.

② 何克抗. 从 Blending Learning 看教育技术理论的新发展：上 [J]. 中国电化教育, 2004（3）: 5-10.

线学习两种模式结合在一起帮助学习者学习的模式，目的是使学习变得更轻松、更有效，以及使学习者获得更好的学习效果。而且在单一的在线学习模式中加入面授学习的环节，弥补了在线学习不利于监督管理等方面的缺陷，因此融合了在线学习和面授学习两种模式的混合学习模式一经出现就引起了学习理论、教育理论、教学实践领域的学者的广泛关注。

二、混合学习的优势

混合学习的具体形式不是固定的，教学活动的实施者可以根据学习对象的学习特点、学习需求和外在的教学条件灵活混合学习模式，这样不仅有利于发挥各种学习模式的综合优势，也为参照多种模式进行教学设计、开展教学活动的教师提供了创新的机会。具体来说，混合学习的优势体现在以下五个方面（图7-2）。

图7-2　混合学习的优势

（一）自由选择学习方式

混合学习模式下，学习者可以自由选择、组合学习方式进行学习。例如：学习者可以选择先接受面授知识教学，然后利用在线学习系统进行练习、复习和测试；也可以选择先观看教学视频自学，然后将所学知识放在课堂学习中与他人进行讨论或请教专业课教师。混合学习的最大优势就是学习者可以根据自己的学习需要和学习规划选择适合自己的学习方式，甚至在没有教师的情况下反复观看在线教学视频，并根据需要暂停、重播、放大视频。

（二）邀请专家参与评论

混合学习课程的另一重要优势就是其可以借助互联网信息技术获取优质的外部教学资源，甚至能邀请相关领域的专家参与专业知识的讲解答疑。这些专业领域的专家在自身研究领域的知识水平通常高于任课教师，因而能给学生带来更多专业方面的启发。

（三）增加沟通交流机会

在混合学习模式中，学习者有更多的机会和教师、同学进行沟通、交流。因为学习者不仅可以在线下的课堂教学中与同学面对面进行交流，还可以在网络论坛、课程聊天室中发帖留言，就某一话题开展在线讨论，这比单纯的在线学习和单一的面对面教学更有优势。在单纯的在线学习中，学习者因为长时间在网络虚拟环境中进行学习，没有真实的人物陪伴和情感互动，难免会产生孤独感。在单一的面对面学习过程中，由于课堂时间有限，学习者大部分时间在理解和消化新学的知识，没有太多的时间沟通学习的感受和体验。混合学习模式恰好能弥补以上两种学习模式的不足之处。

混合学习模式的发展在一定程度上使教育资源的分配更加公平，使高等教育向着全球化、国际化的方向发展，学习者通过互联网可以找到各种类型的学习资源，与来自其他国家、地区的学习者开展交流，互相分享学习经验、开展交流互动。

（四）增加学习反思机会

混合学习模式下学习者能够参加更多的学习活动，接触更多学习、讨论的机会，从而逐渐树立起反思所学内容的意识。混合学习模式将更多的学习机会给了学习者，学习者除了可以在课堂上进行学习和讨论外，还可以在线上利用互联网查询资料，反思自己的学习方式和学习手段，也可以与其他学习者共同反思、协作学习。

（五）增加弹性学习时间

混合学习模式还适合没有时间在校接受全日制教育的学习者，这部分学习者可以安排、利用自己的空闲时间进行学习，只需利用网络和手机、平板、电脑等移动终端设备就可以在家学习，这无疑增加了他们的弹性学习时间，增加了他们学习的机会。

三、跨文化交际背景下英语混合学习模式的构建

互联网技术和多媒体技术等现代信息技术在英语教学中的广泛应用促进了以教师为主导、以学生为主体的混合学习模式的构建。混合学习模式下的英语教学对教师的教学能力、教学技术等方面也提出了新的要求。英语教师不仅要灵活运用以教为主的教学策略和以学为主的学习方式，还要搜集、整理各种可以用于混合学习模式的教学资源，设计混合式教学方法。本书从跨文化交际背景下英语教学的实际情况出发，综合考虑英语教学中的语言知识、语言技能、情感态度、文化意识、学习策略五个方面的内容要求，构建了适用于英语教学的混合式学习模式，该模式依托网络交互式教学平台开展，由课前、课中、课后三个教学阶段构成。

课前阶段，也称学习者的预习阶段，由观看微课视频和参与线上交流讨论两部分组成。课中阶段，也称学习者的正式学习阶段，由上机自主学习和课堂面授教学两部分组成，其中自主学习模块又包括语音识别、

人机互动、仿真场景、学习评价、交流平台五个组成部分，面授教学模块则由小组活动、成果汇报、课程总结和评价反馈四个部分组成。课后阶段是学生巩固和复习所学内容的阶段，包括完成作业、素质拓展和交流讨论三个部分。

根据以上介绍可以发现，在基于网络交互式教学平台构建的混合学习模式中，教师的角色发生了转变，他们不再只是传统意义上的讲述者、灌输者，而是学生学习过程中的帮助者和支持者，教师在课前的准备以及课后的评价工作中需要付出的努力会更多，学生在整个学习过程中的主体地位得到了保障，这与传统教学模式注重教师讲解、忽视学生学习状态的做法差别较大。

四、跨文化交际背景下英语混合学习课程的设计与实施

跨文化交际背景下英语混合学习课程的设计与实施可以分为以下三个阶段。

（一）课前设计与实施

混合学习课程的课前设计与实施首先需要英语教师利用微课设计软件为自己的课程设计一个在线课程；其次，需要英语教师根据英语跨文化交际的教学大纲和教学目标的要求归纳教学知识点并创建相应的教学知识页面；再次，英语教师应将各种自主创设的教学内容上传至教学资源库中；最后，英语教师应在各章节的页面中编辑好需要学生自主预习的内容。

英语教师还需要制订跨文化交际课程的学习计划，包括学生自主学习和参与面授教学活动的计划，在课程论坛或者聊天群中发布学生开展课前讨论的问题，通过设计在线考试检查学生的预习情况以及知识掌握情况，然后据此为全班学生创建分组并设置小组任务。在完成以上工作之后，教师就可以利用网络交互式教学平台的消息功能向学生发布课程

预习通知，引导他们在课前浏览自主学习的内容、查阅相关资料，为下一堂课的参与做好准备。"凡事预则立，不预则废"，学生课前是否做好预习，对最终的学习效果有直接的影响。传统课堂教学模式下，教师虽然可以要求学生预习，但无法干预学生的预习行为，也无法保证其预习效果；而在混合学习课程中，教师不仅可以通过平台的学习记录对学生进行检查和跟踪，还可以通过多种网络手段对学生加以提醒和监督。

（二）课中设计与实施

在跨文化交际背景下，英语混合学习课程的设计与实施需要教师以独特的视角和方法进行。教师可以依据在线平台上的数据反馈把握学生的学习情况，这样教师就可以根据学生的实际进度调整教学策略和教学内容。在此基础上，教师可以运用个性化的教学方式以满足不同学生的需求。例如：教师可以通过网络交互式教学平台建立分组学习模式，这种模式有利于激发学生的合作精神和团队协作能力。在这个模式中，教师可以根据每个小组的特性和需求，设定专门的任务和目标。在分组活动中，教师还可以设置组长，让学生管理和组织团队，这不仅有助于培养学生的领导力，也可以让教师有更多的时间去关注每个学生的学习情况。

对于独立学习环节，教师可以利用人机互动和仿真场景的特点，设计些和学生生活密切相关或者学生感兴趣的话题和情境。这样做的目的是提高学生的参与度和学习动力，同时帮助他们在实际环境中练习英语口语和交流技巧。例如：教师可以创建一个模拟旅游环境的情境，让学生在模拟的情境中练习如何询问路线、购物或订餐等实用的英语口语技能。

这些方法不仅可以提升学生的英语实际运用能力，也可以让学生在实际交流中感受跨文化交际的差异，进一步提高他们的跨文化交际能力。通过这样的课程设计和实施，教师可以在英语混合学习课程中有效地提升学生的英语能力和跨文化交际技能。

（三）课后设计与实施

课后的课程学习分为线上自主课后学习以及课堂面授课后练习两部分，因此英语教师要针对这两部分的内容展开设计，这两部分的设计主要依赖于现有的互联网信息技术和学校构建的在线学习系统。

例如：有些高校的在线学习系统自带题库资源，教师可利用这部分资源为学生布置课后作业，学生可以选择在学校机房、自己的笔记本电脑或手机上完成教师布置的题库作业，同时根据自己的个人情况，有针对性地挑选自己感兴趣或没有掌握好的模块进行练习。而有些高校由于条件有限，还无法在整个校园内覆盖无线网络，因此这部分高校在线学习系统为学生提供了离线学习的方式，一旦将需要学习的内容下载到手机或其他移动终端设备上，无论有没有网络学生都可以学习，等到网络连接上以后刷新一下，学习时长就会自动记录在学生的学习档案中。

又如：教师可以利用网络交互式教学平台布置学习任务或相关作业，作业形式除了系统自带的题库之外，还可以包括教师自主设计的写作和口语作业等，学生完成作业后从系统上交由教师批改，如有一种学生上机进行分角色开展跨文化交际练习的作业形式，这种作业形式要求学生在固定时间段提交以两人为单位进行视频或音频对话的作业。教师在开展日常教学活动的过程中可以通过该系统随时查看学生完成作业的进度，可以看到学生学习的时长、班级平均学习时长、完成相关学习任务的人数、未完成学习任务的人数以及表现好的学生的详细情况等。

因为不同学生学习英语的基础水平不同，因此英语教师可以专门为此类学生设置相关学习要求，要求其达到单独设置的分数线。教师还可以利用微信、腾讯 QQ 等社交软件及时获取学生的反馈信息并与学生开展实时交流。课程内容设计取材于真实的跨文化交际对话，教师要引导学生观察生活中遇到的同样的话题，并使学生用中文和英文表达存在的差异，启发学生的思考，鼓励学生与其他同学通过社交平台等渠道进行分享，从而进一步了解英语言语交际文化与汉语言语交际文化的异同。

此外，不只是学校的多媒体硬件设施和在线学习系统可以帮助学生在课后进行学习。社会上还有一些专业人士开发了很多有趣的英语学习App，如"英语趣配音"是一款通过配音模仿进而锻炼学习者英语口语、帮助学习者了解英美文化的App。这一软件收集了很多英语原声视频，用户可以看到很多地道的英语表达和精彩的故事情节。该软件不只是将这些视频资料整合在一起，而是利用视频剪辑软件将原视频内容切割成了一句一句的英语，用户可以根据个人学习需求逐字逐句地进行模仿练习。该软件还可以将用户配音和原有视频片段进行技术合成，进而形成一个完整的配音片段。学习者可以将自己配音的影视剧片段发布到自己的微博、朋友圈，同时分享自己对不同文化交际特点的感悟与体会。

参考文献

[1] 郭磊.跨文化交际理论建构及其教学应用探索[M].长春:吉林大学出版社,2019.

[2] 王欣平.英语跨文化交际教育与教学实践研究[M].长春:吉林人民出版社,2019.

[3] 郭坤.全球化背景下大学英语跨文化教学研究[M].成都:电子科技大学出版社,2017.

[4] 王珊,马玉红.大学英语教学的跨文化教育及教学模式研究[M].武汉:武汉大学出版社,2018.

[5] 史艳云.大学英语中的跨文化交际[M].长春:吉林人民出版社,2020.

[6] 李清.高校英语跨文化教学研究[M].长春:吉林人民出版社,2020.

[7] 唐昊,徐剑波,李昶作.跨文化背景下英语翻译理论研究与实践探索[M].长春:吉林人民出版社,2020.

[8] 金真,张艳春.跨文化交际英语[M].上海:上海交通大学出版社,2015.

[9] 鲁巧巧.跨文化教育视域下的英语教学改革探究[M].沈阳:辽宁大学出版社,2019.

[10] 何冰,姜静静,王婧.现代跨文化英语教学与课程设计研究[M].长春:吉林人民出版社,2019.

[11] 赵静利.跨文化交际视野下的高校外语语言实践教学[J].山西财经大学学报,2022,44(增刊1):190-192.

[12] 赖琳.信息化时代大学英语教学与跨文化转型结合:评《跨文化交际英语教学与研究》[J].外语电化教学,2022(2):110.

[13] 蒋挺.跨文化交际与大学英语教学的融合探究:评《跨文化交际与英语教学的融合研究》[J].中国教育学刊,2022(3):132.

239

[14] 俞秀红，王平．多模态视角下大学英语教学中跨文化交际能力培养 [J]．吉林省教育学院学报，2022，38（2）：104–107.

[15] 黎珂．基于文化自信的大学英语跨文化交际教学模式分析 [J]．文化创新比较研究，2022，6（4）：126–129，139.

[16] 刘颖，高英祺．文化认同视域下跨文化交际能力培养研究 [J]．林区教学，2022（1）：59–62.

[17] 李昱坤．大学英语精读教学中跨文化交际能力的培养：基于 Byram ICC 理论模型 [J]．漯河职业技术学院学报，2021，20（6）：106–108.

[18] 马玲．基于跨文化交际视角的大学英语教学的意义与方法 [J]．食品研究与开发，2021，42（21）：250.

[19] 吴慧兰．高校英语教学中跨文化交际能力培养现状及对策探索 [J]．景德镇学院学报，2021，36（5）：79–82.

[20] 钟宇宏．非英语专业大学生跨文化交际能力培养探析 [J]．南昌师范学院学报，2021，42（5）：102–105.

[21] 黎珂．基于跨文化交际的大学英语教学策略研究 [J]．吉林广播电视大学学报，2021（5）：100–102，106.

[22] 庞艳茹．将英语电影赏析融入跨文化交际教学的策略研究 [J]．赤峰学院学报（汉文哲学社会科学版），2021，42（7）：59–63.

[23] 魏立红，赵爱君．跨文化交际背景下大学英语任务教学模式探析 [J]．海外英语，2021（12）：170–171，177.

[24] 尹小菲．新时代下跨文化交际在高校英语教学中的有效融合 [J]．英语广场，2021（15）：62–64.

[25] 杨丰侨．英语教学中跨文化交际能力培养的必要性及途径 [J]．科教文汇（中旬刊），2021（14）：184–185.

[26] 张璇，彭兵转．大学英语“跨文化交际”课程思政教学探索 [J]．黑龙江教育（理论与实践），2021（3）：31–32.

[27] 靳静波．跨文化交际视野下大学英语教学改革路径探究 [J]．黑龙江工程学院学报，2020，34（06）：68–71.

[28] 王玉双.基于混合式教学模式的大学英语思辨能力研究：以"大学英语跨文化交际"课程为例[J].黑龙江教育（理论与实践），2020（12）：89-90.

[29] 雷霄.跨文化交际视域英语教学中的文化导入策略探究[J].昌吉学院学报，2020（4）：102-107.

[30] 魏泓.论大学英语的跨文化教学：目标、问题、对策[J].湖北经济学院学报（人文社会科学版），2020，17（10）：157-160.

[31] 魏鸿玲.跨文化交际视野下大学英语教学对中国文化输出能力的培养[J].长春工程学院学报（社会科学版），2020，21（3）：94-97.

[32] 陈敏.英语教学中学生跨文化交际意识的培养[J].中国教育学刊，2019（增刊1）：93-94.

[33] 陈新仁，李捷.英语作为国际通用语背景下的跨文化交际能力培养刍议[J].当代外语研究，2017（1）：19-24.

[34] 葛春萍，王守仁.跨文化交际能力培养与大学英语教学[J].外语与外语教学，2016（2）：79-86，146.

[35] 金虹.英语教学中跨文化交际能力培养研究[J].课程·教材·教法，2015，35（11）：80-85.

[36] 脱彦萍.课程思政建设背景下高职英语教学模式与评价体系改革研究[J].科教文汇，2022（9）：62-64.

[37] 曹秋阳，高意.课程思政背景下大学英语教学模式的实践研究[J].湖北开放职业学院学报，2022，35（4）：180-181，184.

[38] 任艳芳，曹红.基于认知语言学的高校英语教学模式创新[J].佳木斯大学社会科学学报，2022，40（1）：218-220.

[39] 薛雨.教育信息化背景下大学英语教学模式研究综述[J].商洛学院学报，2021，35（5）：87-92.

[40] 刁慧敏.线上线下相结合的混合式英语教学模式研究[J].品位·经典，2021（19）：128-130，142.

[41] 陈争峰，郑沛，刘楠.后MOOC时代下O2O大学英语教学模式研究[J].

教育学术月刊，2020（5）：92-96.

[42] 杨雪飞.基于 SPOC 的大学英语教学模式构建及影响因素研究 [J].外国语文，2019，35（2）：146-154.

[43] 朱京，贾冠杰.基于认知语言学的大学英语教学模式研究 [J].外语界，2018（3）：30-37，80.

[44] 孟冬梅.激励式立体化英语教学模式的探究与实践 [J].外语电化教学，2015（1）：50-56.

[45] 郑娟，贺平.电子书包环境下小学英语教学模式和行为分析 [J].中国电化教育，2013（12）：112-117.

[46] 梁慕华.试论语言与文化的多维关系 [J].文化创新比较研究，2022，6(4)：180-183.

[47] 曾凤凰.以语言文化为载体的跨文化思辨能力培养研究 [J].大学教育，2021（12）：136-138.

[48] 艾瑞.萨丕尔的"语言—文化观"再认识 [J].文化创新比较研究，2021，5（34）：155-158.

[49] 张永泉."语言与文化"关系及其对外语教学的意义：以跨文化交际为视角 [J].辽宁教育行政学院学报，2021，38（5）：28-33.